青海农牧民专业合作经济组织发展研究

蔡守琴◎著

中国经济出版社
CHINA ECONOMIC PUBLISHING HOUSE
北京

图书在版编目（CIP）数据

青海农牧民专业合作经济组织发展研究／蔡守琴著
．—北京：中国经济出版社，2023.9
　　ISBN 978-7-5136-7424-9

　　Ⅰ．①青… Ⅱ．①蔡… Ⅲ．①农业合作组织-研究-青海 Ⅳ．①F327.44

　　中国国家版本馆CIP数据核字（2023）第157053号

组稿编辑　葛　晶
责任编辑　冀　意
责任印制　马小宾
封面设计　久品轩

出版发行	中国经济出版社
印 刷 者	河北宝昌佳彩印刷有限公司
经 销 者	各地新华书店
开　　本	710mm×1000mm　1/16
印　　张	12.25
字　　数	193千字
版　　次	2023年9月第1版
印　　次	2023年9月第1次
定　　价	88.00元
广告经营许可证	京西工商广字第8179号

中国经济出版社 网址 www.economyph.com 社址 北京市东城区安定门外大街58号 邮编 100011
本版图书如存在印装质量问题，请与本社销售中心联系调换（联系电话：010-57512564）

版权所有　盗版必究（举报电话：010-57512600）
国家版权局反盗版举报中心（举报电话：12390）　　服务热线：010-57512564

目录

第一章 导论 ……………………………………………………… 001
   一、问题的提出 ………………………………………………… 002
   二、研究的目的与意义 ………………………………………… 005
   三、国内外研究状况概述 ……………………………………… 008

第二章 相关理论基础 …………………………………………… 011
   一、农民专业合作经济组织的内涵及研究范畴 ……………… 011
   二、主要合作经济理论 ………………………………………… 012

第三章 国内外农民专业合作经济组织发展概况 ……………… 018
   一、国内农民合作组织的发展及主要模式 …………………… 018
   二、国外农民合作社的发展及主要模式 ……………………… 031

第四章 青海农牧民专业合作经济组织建设历程及发展基础 … 043
   一、青海农牧民专业合作经济组织建设历程及所起作用 …… 043
   二、当前青海农牧民专业合作经济组织发展环境 …………… 051
   三、青海农牧民专业合作经济组织发展基础和条件特征 …… 076

第五章 青海农牧民专业合作经济组织发展类型和特点 ……… 111
   一、主要类型及作用 …………………………………………… 111

二、青海农牧民专业合作经济组织发展基本特点 …………………… 122

第六章　青海农牧民专业合作经济组织发展模式及其效果 ………… 135

一、一般模式 …………………………………………………………… 135
二、典型模式 …………………………………………………………… 138

第七章　青海农牧民专业合作经济组织建设存在的主要问题及原因分析 ……………………………………………………………… 146

一、规模小，发展能力不强 …………………………………………… 146
二、经济效益不高 ……………………………………………………… 148
三、区域间发展不平衡 ………………………………………………… 151
四、牧区合作经济组织分散性强 ……………………………………… 153
五、带动效应低，辐射能力弱 ………………………………………… 155
六、运行不规范，协同效应低 ………………………………………… 156
七、运营能力不足，产业化水平不高 ………………………………… 157
八、龙头企业数量少、规模小，带动能力不足 ……………………… 160

第八章　青海农牧民专业合作经济组织发展模式定位及原则 ……… 162

一、基本模式 …………………………………………………………… 164
二、基本原则 …………………………………………………………… 171

第九章　青海农牧民专业合作经济组织发展目标、路径及其对策 … 173

一、发展目标、路径 …………………………………………………… 173
二、相关对策 …………………………………………………………… 175

第十章　结论与展望 …………………………………………………… 184

参考文献 ………………………………………………………………… 186

第一章

导论

农业是经济发展的命脉。纵观世界农业经济的发展轨迹，政府引导、企业参与、农民组织化管理成为农业经济发展的主导因素。而农民合作经济组织则是连接这三者的桥梁和纽带。特别是，当前在农业经济发展日趋市场化、国际化、一体化的经济浪潮中，加强农民间的合作，提高农民组织化程度，对于创新农业经营机制，加快传统农业向现代农业转变，推进农村现代化建设具有十分重要的现实意义。

在我国，农民合作形式由新中国成立前的农民互助组到1958年的人民公社，虽然发展不尽完善，出现了一些问题，但为新中国农民合作经济组织的发展奠定了基础，也为后期农民专业合作经济组织的建设积累了经验。

党的十一届三中全会后，包括青海在内的我国农村实行了家庭承包经营制度。这一制度符合绝大多数农民的愿望和切身利益，它将之前的集体所有、统一经营转变为农户家庭经营，重新赋予了农民独立经营的市场主体地位，农民获得了生产经营的自主权，使农民的生产与自身利益有了紧密联系。因此，家庭承包这种"多劳多得，少劳少得"的经营方式极大地调动了农民生产的积极性，解放了生产力。然而，这种制度在一定程度上造成了农户生产经营过度分散化和非组织化问题。从目前发展来看，我国农村城乡收入差距仍然较大，农业经济发展存在诸多"短板"，青海等偏远地区的农村小康建设任务仍然十分艰巨，特别是随着经济全球化进程的推进，农产品面临着很大的市场竞争压力，农业经济的可持续发展问题依然突出。

一、问题的提出

我国是农业大国,农民是我国社会结构的基础,当今中国农民问题关乎社会和谐稳定、国家长治久安。尽管我国的城镇化率已经提高到 2020 年的 63.9%,但包括青海在内的我国农村经济发展一直是整体经济发展的短板。近年来,随着我国经济的快速发展,农民收入增长速度逐渐加快,但与城镇居民收入的增长速度相比仍然较慢,城乡居民收入增长的相对差距和绝对差距仍在扩大。

经济学基本理论告诉我们,社会经济发展中,收入存在差距是正常现象。在一定条件下,收入差距能够刺激社会的发展,但如果收入差距过大,特别是这种差距越来越大,对社会分配制度的公平性、贫富差距、经济发展和社会稳定等就会产生不利影响。在改革开放后的 1978—2007 年,我国年均国内生产总值(GDP)以近 10% 的速度增长,但城乡居民收入从绝对差额上来看,仍有差距。改革开放后,城乡居民人均可支配收入比在 1985 年下降到 1.86∶1,之后,又上升到 1988 年的 2.05∶1;从 1989 年开始,城乡居民收入绝对数值方面的差距不断加大,此后一路上扬,扩大到 2001 年的 2.9∶1。从 1978 年开始的 30 年时间里,我国城乡居民人均年收入的绝对额差距增加了近 52 倍,进入 2000 年,这一差距进一步扩大,直至 2010 年开始才逐步降低,到 2020 年,城乡居民人均可支配收入比为 2.56∶1。而世界上多数国家的城乡居民人均可支配收入之比为 1.5∶1,我国的这一比例显然超过了世界上大多数国家的平均水平。随着经济逐步发展,我国城乡居民人均可支配收入的差距在逐步缩小。

表 1-1 1978—2020 年中国城乡居民人均可支配收入　　　　单位:元

年份	城镇居民人均可支配收入	农村居民人均可支配收入	城乡收入比
1978	343	134	2.56
1988	1119	545	2.05
1998	5425	2167	2.51
2008	15781	4761	3.31

续表

年份	城镇居民人均可支配收入	农村居民人均可支配收入	城乡收入比
2009	17175	5153	3.33
2010	19109	5919	3.23
2011	21810	6977	3.13
2012	24565	7917	3.10
2013	26955	8896	3.03
2014	28844	10489	2.75
2015	31195	11422	2.73
2016	33616	12363	2.72
2017	36396	13432	2.71
2018	39251	14617	2.69
2019	42359	16021	2.64
2020	43834	17131	2.56

资料来源：根据《中国统计年鉴1999》《中国统计年鉴2021》相关资料整理。

由表1-1可以看出，1978—2008年，我国城乡收入差距不但没有缩小，反而在2008年后更大。直至2013年，农村居民人均可支配收入为8896元，城乡居民收入比为3.03∶1，绝对差距为18059元，比2012年的绝对差距16648元多出1411元。

2015—2020年，我国城乡居民收入差距虽有所缩小，但全国各地区之间农村居民收入差距很大。2015年，我国农村居民人均可支配收入达到11422元，农民收入水平最高的上海达到23205元，最低的甘肃仅为6936元，两者相差16269元；而青海与全国农村居民平均收入相差3489元，与上海相比更是相差15272元。到2020年，我国农村居民人均可支配收入达到17131元，农村居民人均可支配收入最高的上海达到34911元，最低的甘肃为10344元。当年的青海，农村居民人均可支配收入是12342元，与全国农村居民人均可支配收入相差4789元，其差距进一步拉大。

表 1-2 2011—2020 年青海城乡居民人均可支配收入   单位：元

年份	城镇居民人均可支配收入	农村居民人均可支配收入	城乡收入比
2011	16287	4806	3.39
2012	18336	5594	3.28
2013	20352	6462	3.15
2014	22307	7283	3.06
2015	24542	7933	3.09
2016	26757	8664	3.09
2017	29169	9462	3.08
2018	31535	10393	3.03
2019	33830	11499	2.94
2020	35506	12342	2.88

资料来源：根据《青海统计年鉴2021》相关资料整理。

2011年至今，青海城乡居民人均可支配收入比逐步缩小，但其城乡居民人均可支配收入不仅低于全国平均水平，城乡差距也高于全国平均状况，且与西北地区相比，城乡居民人均可支配收入差距也比较大（见表1-2、表1-3）。

表 1-3 2015—2020 年我国西北地区城乡居民人均可支配收入比值

年份	陕西	甘肃	青海	宁夏	新疆
2015	3.04	3.43	3.09	2.76	2.79
2016	3.03	3.45	3.09	2.76	2.80
2017	3.00	3.44	3.08	2.74	2.79
2018	2.97	3.40	3.03	2.72	2.74
2019	2.93	3.36	2.94	2.67	2.64
2020	2.84	3.27	2.88	2.57	2.48

资料来源：根据相关统计年鉴资料整理。

青海地处青藏高原东北部，地广人稀，草地面积大，是中国五大牧区之一，也是重要的畜牧业生产基地，全省共有土地面积72.23万平方千米，其中，天然草场面积占全省总土地面积的60.5%。但受特殊的地域环境和历史发展影响，青海农牧业经济发展较为滞后，农牧民收入水平低，且地域间发展不均衡；农牧业产业化发展滞后，龙头企业少且带动能力不强，农牧民专业合作经济组织发展缓慢，组织化程度不高，经济发展较为落后。尤其与全国其他地区相比，青海农牧民平均收入水平乃至与西部地区农民平均收入水平的差距在进一步加大。

为促进藏区经济社会发展，国务院于 2008 年发布《关于支持青海等省藏区经济社会发展的若干意见》，要求青海等藏区争取到 2012 年，重点产业和特色经济初具规模，基础设施进一步加强，使城乡居民收入接近或达到西部地区平均水平，生态环境局部有明显改善；到 2020 年，特色优势产业形成规模，基础设施比较完善，生态环境总体改善，城乡居民收入接近全国平均水平，全面建成小康社会。但受自然、地理、历史等综合因素影响，目前，青海农牧业经济发展与全国发展水平相比仍然较为滞后，农牧民收入较低，"三农"问题依旧突出，农牧区经济建设任务艰巨。

二、研究的目的与意义

（一）研究目的

我国加入世界贸易组织（WTO）、实施西部大开发战略等大环境的改善，对青海农业经济的发展产生了积极的促进作用，也使青海农牧区经济发生了巨大变化。但青海农牧业经济发展面临以下问题。一方面，青海城乡收入差距仍然较大，农牧民收入与全国农民收入相比仍有不小的差距，农牧区经济发展与农牧民收入提高等面临挑战。另一方面，青海独特的地域环境，造就了丰富且独特的农业资源和特色农产品，但由于农牧民组织化程度较低，加之农业经营分散，产品规模小，市场风险大，农牧民面临日趋激烈的国内外农产品市场竞争和自身发展双重难题。同时，由于青海地处高原，不仅生态环境脆弱，而且生态地位十分重要，农牧业发展尤其是与生态环境相关联并协调可持续的发展，成为青海农牧业经济发展的必然要求。

在我国，对农民专业合作经济组织的研究和实践是进入 21 世纪才开展起来的，而且基本上局限在江浙等经济发达地区。本书运用经济学相关研究理论，采用定性分析与定量分析相结合的方法，在研究青海农牧民专业合作经济组织①发展历程的基础上,全面梳理了青海农牧民专业合作经济组织的发展状况,并立足青海省情,围绕青海农牧民专业合作经济组织的发展,提出建设青海农牧民专业合作经济组织的发展方向;首次针对青海农牧业发展实际情况,提出了建设农牧民专业合作经济组织的模式及途径;从经济学角度对青海农牧民专业合作经济组织今后的发展提出了新的对策,并对青海农牧民专业合作经济组织发展目标的实现路径提出了延伸性思路。通过这一内容的研究,在对青海农牧民专业合作经济组织的发展状况进行梳理的基础上,找出青海农牧民专业合作经济组织在发展中存在的问题,并提出了青海农牧民专业合作经济组织建设的路径和对策。这将对丰富和发展青海农牧民专业合作经济组织的理论及实践研究具有积极的意义。

(二)研究意义

从欧文的合作思想,到罗虚代尔的合作社原则,国内外农业经济发展的历程特别是经过我国合作社的百年实践多次证明,农产品在国内外市场竞争力的提高,在很大程度上取决于农业组织化程度。"大市场,小农户"的格局是无法取得可持续的农业经济发展和市场效益的。第一,市场竞争加剧,市场信息化趋势越来越突出,单个农民无法满足企业的规模化发展对农产品的需求,无法应对国际化趋势下的市场竞争压力。同时,农民在生产经营中不仅要承担自然、技术等风险,还要面对更大的市场经营风险。第二,农牧户的小规模经营、分散式管理,无法形成规模化经营效益,不适应现代农牧业和市场的发展需要。第三,一家一户的经营方式,使生产成本和投资成本加大,抗击自然灾害、市场风险的能力降低,造成资源及人力资本的浪费,不确定性风险加大。第四,农户个体经营行为难以控制,导致科技推广、科技经营进程缓慢,产业化发展、精细化耕作、绿色化经营和粮食安全等可控性差,食品安全、农产品质量等粮食安全的源头问题难以把控。第五,土地经营分散,土地的综合利用、高效利用和资源的整合利用难以实现。因此,没

---

① 本书中农民专业合作经济组织、农牧民专业经济组织、农民合作组织、合作组织、合作社的意义相同,因研究背景不同,不做具体区分。

有高度组织化的管理运行体系是无法完成这些服务的。只有通过农民合作组织，才能实现农业经济的产业化发展、组织化管理、系统性经营和可持续性发展。

青海不仅具有"地域大省、人口小省、资源富省、经济穷省"的特征，而且是世界生物多样性的重要基地，更是全国最重要的水源地，生态地位极为重要。青海的农牧民居住分散，农牧业所占比重较大，农牧业经济发展滞后。因此，要想既保护生态，又促进农牧业经济的有效发展，提高农牧民收入水平，就只有提高农牧民组织化程度，开展有序又合理的农牧业生产经营，以实现这一"多赢"目标。而农牧民专业合作经济组织既保证了家庭经营的基础性地位和农民的生产积极性，又为农产品产业化经营和市场竞争力的提升提供了平台。同时，通过农牧民专业合作经济组织的建设，实施有组织的指导和规范，使生态保护的措施得以落实，成为农牧民与政府沟通的桥梁和提高农牧民收入的重要手段。因此，在青海农牧区实施农牧民专业合作经济组织建设，不仅符合现阶段青海生产力发展的要求，而且是青海全面建成小康社会的必然选择。

时至今日，青海农牧民专业合作经济组织已进入逐步发展阶段。在实践领域，青海的农畜产品生产基地规模不断扩大，一批龙头企业与农牧民专业合作经济组织的联合逐步深化，青海农牧民专业合作经济组织的发展已从数量增长逐步向规模与质量并重转变，业务范围也从单一的经营环节向产业化发展方向迈进，跨地区联合也在政府引导和市场促进下初步显现。而青海对农牧民专业合作经济组织的研究仍停留在发展现状、条件、布局等方面，对于农牧民专业合作经济组织今后的发展方向、建设路径没有加以研究，缺少总结经验、创新发展的思路，导致"两难"局面：农牧民面对严酷的自然环境和市场竞争，向往以合作方式提高收入，但由于知识和管理能力欠缺，想合作却无法有效地合作；政府从政策出台到资金投入积极支持农牧民专业合作经济组织的建设，但由于目标不清，途径不明，出现"撒胡椒面"现象，使各种"空壳社""休眠社""虚假社"屡屡出现。所以，对青海农牧民专业合作经济组织发展的研究，将直接影响农牧民专业合作经济组织的有效发展，乃至影响青海整体经济、生态建设工程、新农村建设等目标的实现。因此，对这一内容的研究将在调查研究青海省内外农民专业合作经济组织发展模式和状况的基础上,结合青海实际,对农牧民专业合作经济组织的建设展开系统研究,以期通过农牧民专业合作经济组织建设,提高农牧民组织化程度,促进农牧区经济发展,提高农牧民收入水平;促进农牧业产业结构调整,扩大生产规模,提高市场占有率,早日实现农牧业专业化生产和规模化经营,提高农牧业整体效益;促进农牧业和农村经济发展,提高城乡居民收入,完善基础设施,切实实现小康社会目标;促进青海生态立省建设目标的全面实现。同时,这将对今后青海农牧区农业经济的发展和专业合作经济组织建设具有积极而深远的意义。

三、国内外研究状况概述

(一)国外研究

在国外,农民合作组织的发源和盛行及其理论研究与实践都是从欧洲、北美洲开始的。从19世纪上半叶多种合作思想创立时开始,对农民合作组织的研究思想就是伴随着这一研究逐步深化的。古典经济学中,早在亚当·斯密的《国富论》里,就对社会分工的重要性及分工的合作性有了阐述,体现出早期的合作思想。19世纪初,以李嘉图为代表的社会主义学派就曾提出,要改变利润、地租和利息等收益不被劳动者占有的最优方案,就是以建设各种合作社的方式,开展一切领域内的合作运动。西方以"进化派"为代表的早期合作运动也就此展开。

19世纪20年代前后,西方国家开始了一系列的合作实践。英国在1844年建立了最早的消费合作社"罗虚代尔公平先锋社",并在研究领域相继出现国家社会主义学派、空想社会主义学派、基督教社会主义学派以及合作共和国学派等多种流派。通过这些实践,农民专业合作组织理论在进入20世纪以后逐渐形成经济学研究的一个分支,Emelianoff 1942年出版的《合作经济理论》,标志着农民合作经济学研究正式开始。合作经济理论和实践的探讨也逐步涉及农业、工业、社会管理等多个层次,研究领域逐步深化。1945年,Enke发表论文《消费合作社和经济效率》,他认为合作经济也是一种企业行为、是一种厂商类型,必须以追求效益为目标。因此,他用经典的厂商理论形成了一套分析合作社的方法，使农业合作经济理论进一步丰富和发展，成为社会科学的独立学科之一，这也成为西方经济学日后研究的重要内容。从20世纪60年代开始，产权理论、交易费用理论等先后出现，有学者以新制度经济学理论对合作社形成动因进行了研究；进入20世纪90年代以后，博弈论被广泛应用于合作社内部决策分析中。

关于合作经济的思想，马克思、恩格斯、列宁等进行过重要研究和论述。在《资本论》《国际工人协会成立宣言》《法德农民问题》等论著中，马克思和恩格斯提出，要重视生产合作、坚持自愿和示范的原则、合作经济可以有多种形式等重要的合作经济思想。

如今，合作组织理论的研究与实践已得到完善和提高，对合作经济组织的研究重心已转移到其组织制度的实施与调整，即理论和实践的结合与完善方面；理论界的研究关注点也从合作组织设立动因、组织形式、制度建设逐步向其治理体系、合作文化等内涵建设层面发展，并对合作组织系统性发展、社会化合作进行深度分析，使研究内容更加广泛、深入。

（二）国内研究

从历史上来看，对我国农民合作组织的理论研究和实践，大致可以分为三个阶段。第一阶段是新中国成立前，受国外合作组织发展的影响，我国学者从探讨国外合作组织起源、国内合作组织发展路径等角度，对合作组织建设进行了研究和实践，比较著名的有：最早传播西方合作思想，被称为"中国合作运动之父"的知识分子薛仙舟指导早期中国合作事业最重要的理论刊物《平民》周刊，覃寿公出版了中国最早的合作组织研究专著《救危三策》（1916）、《德意志、日本产业组合法令汇编》（1916）等。但受经济基础薄弱、政治环境不完善等影响，处在萌芽状态的我国初期合作组织研究理论和实践，未能形成完整或较为严谨的理论体系，特别是因实践基础薄弱，缺少与中国国情的深度结合，也导致实践上的水土不服。第二阶段是解放初期至改革开放前，我国运用马列主义合作理论，在农村开展了互助组、人民公社等一系列合作化运动，形成了一套比较完整的理论体系和实践探索。第三阶段是20世纪80年代至今。在这一阶段前期，许多学者结合当时农村合作领域出现的农村社区合作组织、农村合作基金会、农村股份合作企业等开展研究。在这一阶段后期,研究内容大多是针对国外合作社理论、经验的一般性介绍,并对我国合作经济发展进行了初步探讨,主要有徐更生与刘开铭主编的《国外农村合作经济》(1986)、张晓山与苑鹏主编的《合作经济理论与中国农民合作社的实践》(1991)、向德模和杨崇德主编的《中国农村合作经济》(1992)等。从 20 世纪 90 年代后期开始,我国开始建设农村新型合作经济组织。针对国内农民合作经济组织快速发展的势头,我国诸多学者对各地合作组织发展状况也进行了大量研究,如牛若峰(1997)、张雪梅(1999)。特别是在 21 世纪初,黄祖辉等(2002)对我国农民专业合作经济组织不同类型的模式进行了划分和综述;周立群(2001)、郑有贵(2003)等从国内农民合作组织的典型区域、突出问题等角度对我国农民专业合作经济组织发展的产业化模式进行了研究;郭红东(2004)、徐旭初(2005)等从区域经济、制度经济的角度对农民专业合作经济组织发展内部治理等问题进行了研究,从个案分析、典型推广等角度,探讨我国农民合作组织实践内容。这些理论和实践的探讨,一方面构建了我国对农民合作经济研究的基本理论体系,另一方面也对我国农民专业合作经济组织的发展起到了积极的促进作用。

已有成果无疑对本文研究具有借鉴意义,学者的真知灼见为这一领域的研究拓展了思路。2003 年,青海省农林科学院农业经济研究所陈来生发表了题为《发展专业合作经济组织加快青海特色农业产业化进程》的文章。时至今日,青海农牧民专业合作经济组织得到良好发展,而青海对农牧民专业合作经济组织的研究仍停留在其发展意义、现状等方面,对于农牧民专业合作经济组织的发展模式及其建设路径、未来发展方向等没有加以系统研究,缺少总结经验、创新发展的理论研究,这将直接影响今后青海农牧民专业合作经济组织的有效发展,乃至青海整体经济、现代农业建设等目标的实现。因此,在调查研究省内外农民专业合作经济组织发展状况和模式的基础上,结合青海实际,对农牧民专业合作经济组织的建设展开系统研究,将对今后青海农牧区农业经济的发展和专业合作经济组织建设具有积极的现实意义。

第二章

相关理论基础

一、农民专业合作经济组织的内涵及研究范畴

"农民专业合作经济组织"是中国特有的概念，在国外一般统称为"合作社"。自 1844 年"罗虚代尔公平先锋社"诞生以来，合作社作为一种农村治理方式，在全球各个国家广泛开展，其提出的入社自愿、退社自由、集股筹资、民主管理、公平交易等著名的"罗虚代尔原则"，成为全球公认的合作社组织和建设原则。

合作社的理论含义在其发展的各个时期不尽相同，目前，最权威的是 1995 年国际合作社联盟给出的合作社定义："合作社是由自愿联合的人们，通过其共同拥有和民主控制的企业，满足他们共同的经济、社会和文化需要及理想的自治联合体。"

合作社起初都是弱势群体通过互助合作，为谋取经济利益组建的一种自治组织。发展至今，合作社既具有入社或退社自由，不改变成员产权关系，经营的专业性强，合作范围广，及民办、民营、民受益的特征，又具有强大的组织功能、中介功能、服务功能，通过组织化管理，按照国家产业政策、产业规划以及市场信息，把分散的农户根据市场需求和自身意愿组织起来，整合农业资源，服务农户，实现农业规模化经营，从而提高市场竞争力，有效规避经营风险，促进农业增效、农民增收。

相对于国际统称的"合作社"，"农民专业合作经济组织"是我国特有的称谓，但其在不同时期的叫法有所不同。1984 年，中央一号文件首次提出

"农民专业合作经济组织"这一称谓。我国修订的《中华人民共和国农业法》上也称其为"农民专业合作经济组织"。近年来,我国各年度中央一号文件、中央各类全会上有称其为"农民专业合作组织"的,也有称其为"农民专业合作经济组织"的,叫法各有不同,但在《中华人民共和国农民专业合作社法》的法律草案说明中,明确排除了"农村供销合作社""农村信用合作社""社区集体经济组织"以及"农民专业技术协会"等社团法人,因此,农民专业合作经济组织是农村合作经济组织中剔除了农村社区性合作经济组织和农村供销社后的农业合作组织。由于其产生于20世纪80年代,有别于新中国成立初期的互助组、合作社及50年代后期到70年代后期的人民公社,在研究领域统称为"新型农村合作经济组织",包括农民专业合作社、农民专业协会和股份合作社三类。

此前,学者对农民专业合作经济组织的研究中包括了农民专业合作社和农民专业协会。2006年10月31日《中华人民共和国农民专业合作社法》颁布后,农民专业协会不仅不包括在农民专业合作经济组织范畴内,而且大多转成了农民专业合作社,实际运行数量很有限,包括青海在内,目前,除少数发展较好的农民专业协会外,多数以农民专业合作社的形式在当地工商行政管理部门重新进行登记和运营。例如,青海协会发展较多的西宁,自2001年起登记注册的各类协会有188家,在册的农民专业协会有13家。实施农民专业合作社建设后,许多农民专业协会注销后注册登记成立合作社,有些则处在空挂状态,目前实际运行的不足一半。为此,本课题的研究对象不包括农民专业协会。同时,由于青海自2010年起在牧区建设了生态畜牧业合作社,本研究中的青海农牧民专业合作经济组织既包括农民专业合作社,也包括生态畜牧业专业合作社。

二、主要合作经济理论

由于合作社起源于欧美国家,在西方经济学研究理论中,合作经济理论已成为一项重要的研究内容。我国的农民专业合作经济组织产生于改革开放后的20世纪80年代中后期,国内合作经济理论的研究起步较晚。因此,我国学者对农民专业合作经济组织的研究，都是在西方相关理论的基础上展开的。

作为一种市场主体，农民合作经济组织的研究理论，多从制度经济学、产业经济学的角度加以研究。

（一）规模经济理论

作为经济学的基础理论之一，规模经济理论研究时间可以追溯到1776年出版的《国富论》。在这部"经济学圣经"中，亚当·斯密首先提出规模经济理论，即假设不存在交易成本，规模经济处在技术不变的条件下，平均成本随投入的增加而减少。

马歇尔在对其进行系统研究后，提出"内部规模经济"和"外部规模经济"两种规模经济的形成途径，即资源的充分有效利用、组织和内部经营效率的提高以及外部企业间的合理分工与联合、合理的地区布局等。

研究发现，内部规模经济的产生是由于在微观经济领域，随着个体厂商在经营中规模的不断扩张，单位产品成本不断降低，产业内各厂商之间开始存在互利性质的外在影响，使对外贸易条件和市场谈判能力、市场信誉度也得到提高，且交易费用下降等。在现实中，农民合作经济组织从传统的家庭小规模生产、自给自足的小农经济转向以组织化经营方式、多个农户统一规模生产的联合经济组织，形成了生产集群，使得内部生产更加专业，不同程度地实现了规模经济效益，提高了市场竞争力和经营效益，这也是农民专业合作经济组织产生和发展的重要原因。

根据规模经济理论，外部规模经济产生的原因是伴随企业市场份额的不断增加，外部规模不断扩大，产品生产量增加，单位产品固定成本下降，使单位产品生产成本降低，获利空间增大。同时，大批量的进货使生产企业可享受的折扣概率增加，进货成本降低，经济聚集效应更加明显。同样地，农民专业合作经济组织的规模化经营，也能使单位产品成本下降，相对利润增加，而来自市场的各个要素，也为合作社的发展搭建了更加广阔的空间。首先，通过共同采购，农户既可以实现合作社资源的共享，又可以实现生产的规模化,降低产品的单位成本;外部规模经济使合作社之间的横向联合变为可能,为联合社的形成创造了条件,也为包括产学研在内的各种联合、技术创新等开辟了渠道。其次,借助合作平台,农民专业合作经济组织可以统一为其成员提供品牌建设、共享市场信息、拓宽市场领域,享受采购折扣,减少物流成本,避免市场谈判、经济纠纷处理时的弱势和风险,节约与外部的交易费用。

(二)可持续发展理论

可持续发展作为一种朴素的思想观,可追溯到远古时期的中国以及古希腊等国家,"天人合一""和谐就是美德"的观念,反映了当时人们希望能与自然和谐相处的心愿。1962年,蕾切尔·卡森《寂静的春天》一书的问世体现了人类对可持续发展状态的反思,认为社会全面的可持续发展必须处理好资源、环境、人口、经济、社会经济发展的关系。1972年,罗马俱乐部在《增长的极限》中指出,当今人类面临的环境问题已成为一大困境,技术不能单独解决人口和污染问题,并且提出了要与自然协调发展的重要思想。

作为学术研究内容,可持续发展思想的第一次提出是在1980年。1980年,在联合国环境规划署委托国际自然资源保护同盟起草的《世界自然保护大纲》中,系统阐述了可持续发展思想。1987年,在挪威首相布伦特兰夫人领导的联合国世界环境与发展委员会提交的《我们共同的未来》报告中,首次定义可持续发展:"既满足当代人的需要,又不对后代人满足其需要的能力构成危害的发展。"1992年,联合国在《21世纪议程》中,提出把可持续发展的理论付诸全球环境改善建设,这也标志着人类历史从此进入可持续发展的新时期。

在我国,可持续发展思想和实践由来已久。进入新时期后,随着世界可持续发展思潮的影响和联合国人类环境会议的逐步推进,20世纪70年代初,我国的可持续发展研究与环境保护工作也开始逐步深入。特别是,在政策层面,1992年,中国政府针对出席联合国环境与发展大会出台的报告中,提出了环境与发展协调推进的战略。与此同时,中国率先组织制定了《中国21世纪议程——中国21世纪人口、环境与发展白皮书》，对我国人口、经济、资源、环境、社会等领域的未来发展，提出了战略性可持续发展政策及行动框架。可持续发展成为包括农民专业合作经济组织建设发展在内的，我国经济建设的重要目标。

（三）产业组织理论

产业组织理论源自英国剑桥大学的罗宾逊夫人和美国哈佛大学的张伯伦提出的新垄断竞争理论。随着美国经济的崛起，现代产业组织理论在克拉克有效竞争理论的基础上形成新的理论体系。围绕现代产业组织理论研究，出现了三个特色学派：哈佛学派、芝加哥学派和新产业组织理论学派。

20世纪30年代，以美国哈佛大学为中心形成了比较完整的产业经济理论。哈佛学派以新古典学派的价格理论为基础，以实证研究为手段，将产业分解成特定的市场，提出"三分法"理论和分析框架，即市场结构理论、市场行为理论、市场绩效理论构成的产业经济SCP分析方法，提出了"集中度-利润率"假说，成为美国反垄断政策的基础，也成为有效竞争研究的基础。

二战后，美国产业保护政策有所抬头。自20世纪60年代开始，以施蒂格勒、德姆赛茨等为代表的芝加哥学派逐渐取代了哈佛学派的产业组织理论研究优势地位。芝加哥学派奉行传统的自由经济思想，从价格理论的视角，将完全竞争和垄断优势作为产业组织问题加以研究，在方法上与哈佛学派形成鲜明对比。

1968年，施蒂格勒《产业组织》一书出版，提出市场长期竞争均衡理论，将市场均衡由政府监管转向企业市场效率。在此基础上，1982年，鲍莫尔、帕恩查、韦利格等以完全可竞争市场和沉没成本等分析理论提出可竞争市场理论，将完全竞争对市场绩效的提升做了进一步分析。这些新产业组织理论，站在现代微观经济学的角度，对新古典主义中传统产业组织的理论假设进行了修正，以产权理论、代理理论、交易费用理论、行为分析理论等对产业组织进行研究，形成了系统的产业分析理论方法。

(四)交易费用及产权理论

20世纪30年代,美国经济学家罗纳德·科斯在《企业的性质》中,提出交易费用的思想,他认为交易费用来自市场和企业这两个不同的分工领域,企业产生的原因是自身组织分工的交易费用低于市场,因此,企业可以将市场内部化,从而消除市场的不确定风险,降低交易费用成本。70年代,威廉姆森等经济学家又对交易费用理论进行了进一步的系统研究和完善,指出环境的不确定性、信息的不对称、组织或个人的机会主义做法等都构成了影响交易费用的主要因素。产生于90年代的新制度经济学派将交易费用理论做了拓展性研究,认为交易成本的存在,形成了各种以减少交易成本为目的的组织和制度安排。

早在20世纪30年代,产权理论的创始人罗纳德·科斯就开始研究企业产权。1960年,罗纳德·科斯从制度经济学角度对企业运行中产权的经济作用进行了论述。他认为,产权清晰有助于解决外部不经济问题,从而降低社会成本,因此,产权清晰可以从制度层面上保证资源的有效配置,产权关系是否明晰是决定企业绩效高低的关键问题,生产力的发展取决于产权制度。罗纳德·科斯的这一产权理论成为社会经济制度研究的核心问题。

在《资本论》中,马克思和恩格斯就对资本主义制度下的产权制度问题进行了深入剖析。马克思主义经济学的产权理论在广义上将所有权归于上层建筑范畴,从法律角度加以确认。马克思还进一步对合作制、股份制下的产权问题进行了深度分析,认为股份制就是相互分离的各个生产者,将自己的私有财产向联合生产者的财产转化的过程,也就是私有财产的所有权向社会财产转移使用的过程。

20世纪末,Martin、Parker等在竞争理论的基础上又提出了超产权理论,他们认为企业效益与市场结构、市场竞争有关,与产权没有必然联系,产权只是企业的一种激励机制,而且利润激励与经营者付出的努力程度呈正相关关系,企业的治理机制应与市场的竞争相适应,并提出竞争具有的发展企业、激励努力、进化市场、完善信息四大功能,是改善企业治理机制、提高企业经济效益的根本保证，产权无法决定企业的生存和利益取向，要想从产权中实现企业的增收，只有积极应对市场竞争，才能保障产权具有的利益。

（五）生态经济理论

生态经济理论源自 20 世纪 50 年代，是生态学与经济学的理论研究成果。"生态经济学"的概念是美国经济学家肯尼斯·鲍尔丁在《一门科学：生态经济学》中界定的。20 世纪 20—60 年代，生态内涵逐步扩展到把人类纳入生物主体而进行与外部自然环境的研究。生态经济遵循可持续发展理念，要求经济与生态互相协调，实现动态平衡的发展。

生态经济理论建立在生态经济学基础上，包括社会和经济的发展与自然环境、资源的协调关系；人类的发展和生存条件与生态系统、生态价值、效益的协调发展等基本理论。生态经济学的内涵主要有：生态经济是有效克服人口增加、经济发展引起的环境问题、资源短缺而选择的一种发展模式；生态经济不以经济发展为唯一目的，经济发展必须以维护生态环境的可持续发展为前提；建立人与自然和谐相处的发展环境，是实现经济效益和社会效益共同发展、可持续发展的有效途径。

生态经济学具有社会学与经济学的双重特性，是建立在自然科学基础上的社会发展科学；生态经济问题的研究，是一个从实践到理论，再从理论指导实践的应用理论经济学。运用生态经济学基础对其理论进行研究是一个探究生态经济发展规律的过程，只有在总结生态经济规律的基础上才能发展和实现经济社会的可持续性；生态经济理论研究的目标是追求协调发展的生态系统和经济系统。

第三章

国内外农民专业合作经济组织发展概况

一、国内农民合作组织的发展及主要模式

（一）演进历程

1. 互助合作组织运动时期

农村经济的治理主要是通过对农民的组织化管理来实现的。在我国农村治理历史中，传统的家庭观使农村治理必须以家庭为基础展开。"家庭-宗族"观念根深蒂固，农村普遍施行"乡绅组织治理"模式。19 世纪，西方合作制思想产生；20 世纪初期，通过前往北美、西欧和日本留学、考察的一批知识分子，特别是孙中山先生等革命先驱的宣传和倡导，在五四运动前后，合作社思想开始在我国传播。1918 年，北京大学胡钧教授和学生自发创办了我国第一个合作社——北京大学消费公社。之后，围绕社会改良，著名教育家梁漱溟、晏阳初等在山东、河北等地建立农村合作社，以"扶危济困"为主导思想，成为合作社理论在中国的第一批实践者。

中国共产党成立后，合作社运动成为我党工农运动的重要组成部分，在 1923 年的海陆丰农民运动中，就已建立农民协会和农民消费合作社。

第一次、第二次国内革命战争时期，我党领导的农民合作社主要是以劳动互助合作形式，针对粮食和消费设立，并从流通领域逐步发展到生产领域。1933 年 8 月到 1934 年 2 月的半年多时间，苏区消费合作社从 400 多个增加了近 2 倍，粮食合作社由 400 多个发展到 1000 多个，社员也分别由 8 万多人、

10万人都发展到近30万人（张玉龙、何友良，2009）。

抗日战争时期，为有效解决边区困难，发展农业生产，毛泽东在1943年发表《组织起来》和《论合作社》，在边区兴起劳动互助与武装斗争相结合的合作社发展形势，有力地推动了边区的安全稳定和经济发展。

解放战争时期，伴随着减租减息和土地改革工作的开展，解放区的农业生产互助合作组织得到更大规模的扩展，对解放区和前线的生活、经济保障起到了积极的作用。但由于当时中国处在特殊历史时期，对合作社的实践指导、市场运作、规范管理等存在诸多问题，导致后来消费合作社、供销合作社的作用难以发挥，逐渐退出合作社发展领域。

新中国成立后，1949—1962年，我国农村经历了农业合作化运动和人民公社时期。通过土地改革，由自愿结合、土地归个人经营的互助组，逐步发展成统一规模经营、减少单干生产的初级生产合作社，直至发展成土地等生产资料归集体所有、实行按劳分配制度的高级生产合作社。从1951年到1958年，我国合作社的规模越来越大，覆盖面越来越广。特别是，到1956年，我国全面实现了农业合作化。

1956年我国合作社发展规模见表3-1。

表3-1　1956年我国合作社发展规模

规模	1月	6月	12月
入社总比重（%）	80.3	91.9	96.3
高级社比重（%）	30.7	63.2	87.8
初级社比重（%）	49.6	28.7	8.5
平均总户数（个）	155.2	148.8	123.6
高级社平均户数（个）	268.0	246.4	199.0
初级社平均户数（个）	42.4	51.1	48.2

资料来源：史敬棠，等．中国农业合作化运动史料：下册[M]．北京：生活·读书·新知三联书店，1959：990-991.

从新中国成立到1957年，是我国政治、经济体制剧烈变动的时期。1950年，我国颁布《中华人民共和国土地改革法》；1953年，我国开始实施"一化三改"政策，即逐步实现国家的社会主义工业化，逐步实现国家对农业、手工业、资本主义工商业的社会主义改造,相应地,就把其中农民手工业者的个体私有制改造为社会主义的集体所有制。同时,为解决农业问题,推进工业发展,缓解农副产品供应紧张局面,中共中央在1953年底通过了《关于发展农业生产合作社的决议》,我国农村合作化运动开始加速发展。合作社在发展的内涵上体现出很强的综合性,合作社成为国家统一思想、统一治理的渠道。这种合作社管理和组织方式,实现了国家对基层的管理,在短时期内集中一切人力、物力和财力发展农村经济,对改变解放初期的"一穷二白"局面起到了积极的作用,促进了当时农业产量的快速增长。

1951—1958年我国粮食产量见表3-2。

表3-2 1951—1958年我国粮食产量   单位:万吨

年份	1951	1952	1953	1954	1955	1956	1957	1958
总产量	14369	16393	16684	16953	19395	19276	19505	19766

资料来源:1952—1959年《中国农业统计年鉴》。

合作社的发展为我国农业经济注入了活力,劳动生产率也明显提高。但由于规模过大,经营管理不到位,加之行政干预过多,合作社的自愿原则和民主管理等原则遭到破坏,严重挫伤了农民入社的积极性,其主动性和创造性更是无从谈起,急功近利、盲目办社,导致了1957年的"退社"风潮。为统一思想,提高合作化水平,1958年,根据中共中央《关于在农村建立人民公社问题的决议》,在不到3个月的时间里,全国农户总数的99%以上加入人民公社。与高级农业生产合作社相比,其规模更大,公有化程度更高。1962年,中共八届十中全会通过的《农村人民公社工作条例(修正草案)》,提出了以生产大队为基础的三级集体所有制和"三包一奖"、评工积分等制度,这在一定程度上克服了平均主义,促进了农业经济的发展。虽然历经波折,但是我国农民合作组织发展的这些历程,从世界农业合作化运动的视角来看,成为我国农民合作组织逐步发展的重要制度遗产。

2. 新型农民合作组织发展初期

为实施改革开放政策,党的十一届三中全会确立了以公有制为主体、多种所有制经济共同发展,按劳分配为主体、多种分配方式并存,社会主义市场经济体制等社会主义基本经济制度。随着家庭联产承包经营制的实施，农民合作组织的发展步入新型化发展时期。

这一时期，我国农民专业合作经济组织的发展初始阶段是从农民专业技术协会起步的。1979 年，当时的安徽省天长县成立了中国第一个农民科学种田技术协会。到 2000 年，全国农村专业协会就有 10 万多家，会员达 755 万多人（杨文志，2002）。在这些协会中，50% 为松散的技术交流型，40% 为经济技术服务型，10% 为经营实体型。1980 年末，建立农民合作经济组织的设想被提出。1981 年，中共中央下发《关于进一步加强和完善农业生产责任制的几个问题》，农村土地经营的家庭联产承包责任制开始实行，农民专业合作经济组织得到有效发展。改革开放前后我国农民合作组织特点见表 3-3。

表 3-3　改革开放前后我国农民合作组织特点

1958—1982 年		1982 年以后	
模式	特点	模式	特点
人民公社	1. 以政府为主导，强调计划性。 2. 注重规模，强调互助性。 3. 土地归集体，突出统一性。 4. 以公有制为基础，利益均等化。 5. 运营模式单一，强调管理性	新型农民合作组织	1. 以合作为基本特征，突出自愿性。 2. 以特色产业为依托，强化服务功能，突出多样性。 3. 以家庭联产承包责任制为基础，突出合作性。 4. 以利益为纽带，实行股份制，突出互利互惠性。 5. 企业化运作，民主性决策，突出市场性

20 世纪 90 年代后，我国农业市场化程度逐步提高，农民专业合作经济组织进入起步阶段。在这个阶段，农民专业协会发展快速，而专业合作社也开始兴起。1994 年，在参观学习日本农业协同工会的基础上，山西定襄、临汾等 4 个县率先开始了农民专业合作社的试点。

伴随经济全球化的发展，我国市场经济和农村产业化发展不断推进，从 20 世纪 90 年代中期开始，农民专业合作经济组织的发展朝着经营范围不断扩大、服务功能不断增强的方向迈进，组织形式出现"公司+农户""公司+合作社+农户"等多种模式，参与主体逐渐演变为农户、公司和各类专业合作组织，农民专业合作经济组织成为农户、政府、公司、市场的中介和桥梁。但是，由于农民专业合作经济组织处在起步阶段，各种管理模式和发展路径尚处在探索时期，加之农户经营分散，合作组织的经营规模、制度安排、业务范围、信息沟通等能力有限，出现市场竞争能力不足、管理不到位、官办色彩浓厚、发展水平低下等问题。

3. 21世纪初我国农民合作组织发展

2003年，《中华人民共和国农业法》开始实施，其明确提出，"农民专业合作组织应当坚持为成员服务的宗旨，按照加入自愿、退出自由、民主管理、盈余返还的原则，依法在其章程规定的范围内开展农业生产经营和服务活动"。由此，农民专业合作经济组织开始进入规范发展阶段。

第一，在制度层面，各地政府相继出台了各项相关政策措施。例如，2004年11月，浙江省制定了我国第一部农民专业合作组织法规《浙江省农民专业合作社条例》，规定了合作社的设立、分立、合并、终止等活动内容，成为我国第一部较为规范的农民专业合作社地方性法规。

第二，在资金层面，加大了资金支持力度（见表3-4）。中央财政本着"扶持一个组织、壮大一项产业、增强一地经济、富裕一方农民"的工作目标，加大资金支持力度。从2016年起，国家财政一般公共预算对农业支持力度以高于全国一般公共预算支出平均增幅的水平进一步加大；到2019年，在一般公共财政预算中，农业农村的相关支出达6万多亿元，年均增长近9%，有力地促进了包括农民专业合作经济组织在内的农业经济快速发展。

表3-4　2003—2013年中央财政对农民合作组织的资金支持

年份	2003	2004	2005	2006	2007	2008	2009	2010	2011	2012	2013
中央财政支持规模（万元）	2000	7000	10000	10000	22500	33000	44500	60000	70000	85000	185000
环比增加（%）	—	250.0	42.9	0	125.0	46.7	34.8	34.8	16.7	21.4	117.6

资料来源：根据财政部统计信息整理所得。

第三，规范了农民专业合作经济组织的发展。我国新型农民合作组织自成立起，通过政策引导，不断促进其积极而规范地运行和发展。在我国政府主导的农民专业合作经济组织发展中，通过农民自主发展、政府培育推动和国家立法促进这三个主要途径，农民专业合作经济组织开始进入快速发展阶段。特别是最近几年，农民专业合作经济组织更是以年均10%以上的速度增长，成为促进我国农业经济发展和带领农民进入市场、参与市场竞争的主导力量。

20世纪90年代，我国农民专业合作经济组织发展进入活跃期。1991年，国务院发布《关于加强农业社会化服务体系建设的通知》，将农村专业技术协会、专业合作社作为农业社会化服务的形式之一，积极加以指导和扶持。1990年，全国农民专业合作组织为123.1万家；到1998年底，农村合作组织达到148万多家，跨县、跨乡发展的合作组织分别达到5240家和8140家，在区域农业经济发展中发挥了积极作用。2001年，我国加入WTO后，农民合作组织的发展进入引导规范阶段。2006年10月31日，第十届全国人民代表大会常务委员会第二十四次会议通过《中华人民共和国农民专业合作社法》，结束了我国农民专业合作经济组织发展无法可依、政出多门的局面，通过提出立法规范、政策支持、示范引导、财政扶持的发展思路和措施，促进了农民合作经济组织的有效发展，浙江、山东等农民合作经济组织发展较快的省份，已经形成"公司+合作组织+农户""合作组织+农户"等多种模式的农产品出口、产业化发展的农业经营体系，呈现出新的发展趋势。

20世纪80年代末90年代初，世界经济开始迈入全球化轨道。随着科技革命的深入，生产要素在全球范围内得以优化组合和优化配置，世界经济的发展日益呈现出立体性、整体性和全球性。我国的农产品贸易额在2005年为562.9亿美元，2015年达1861.0亿美元，比2005年增长了两倍多。到2016年，我国农产品贸易额为1845.6亿美元，其中，出口729.9亿美元。而在2020年达到2468.0亿美元，其中，出口额760.0亿美元，与2012年相比贸易额年均增长2.3%，出口年均增速也达到2.3%。发展到2020年，我国农产品贸易已居全球第二位，是全球第一大农产品进口国、第五大农产品出口国。可见，我国整体农产品进出口贸易发展具有一定的波动性，但发展趋势良好。在农产品的出口贸易方式中，我国以一般贸易为主，主要是水产品、蔬菜和水果、果干、坚果等，出口市场主要为日本、东盟、欧盟、美国和中国香港等国家和地区，近年来，针对"一带一路"沿线国家的进出口贸易呈现增长态势。农产品市场贸易的不断扩大，使农产品市场竞争不断加剧，也促使农民组织化程度不断提高，这也是 21 世纪初农民专业合作经济组织快速发展的动因之一，我国农民合作组织由 2007 年的 9.4 万家增加到 2020 年的 225.0 万家，这些合作组织对我国农产品贸易的发展起到了积极的促进作用。

（二）主要模式

新中国成立以来，特别是在改革开放后，我国农民合作组织发展模式一直是伴随农村治理政策的变迁，由政府推动。其与欧美和日本农民合作组织的发展相比，变化起伏较大，发展模式也由解放初期的互助组，发展到了现在的新型农民合作组织。包括青海在内，我国农民专业合作经济组织在发展模式上主要有五种类型。

第一，能人带动型，即由农村中专门从事某一农产品且具有一定经营实力的专业大户或经营能人，利用其经营优势组建的合作组织。这类合作组织在融资、技术推广等方面有较好的基础，但容易形成集权制，民主程度较低。

第二，政府引导型，即由地方政府发起，吸收专业大户和农民参加、"自上而下"设立的合作组织，这种合作组织在早期发展中以及类似在青海的偏远地区较为常见。农民对这类组织较为信任，组织设立比较容易，但合作组织成员市场意识较低，对政府依赖性较大，不利于调动生产积极性。

第三，专业技术型，即由农村技术部门或团体，利用技术和信息优势引领农民设立的合作组织。青海专业技术型的农民合作组织大多由村干部牵头领办，因此又称为"村干部牵头领办型"。这类合作组织产品特色鲜明，专业性较强。例如，青海乐都县兴农蔬菜专业合作社、化隆县生强农机作业合作社、民和县马聚垣奶牛养殖专业合作社、天峻县梅陇生态畜牧专业合作社等。专业技术型合作组织有利于技术推广、信息综合利用，使合作组织通过标准化生产和集约化管理实现规模化经营，但对社员的专业文化知识要求较高。

第四，股份合作型，即以集资入股方式，将劳动与资本有机结合，实现资源的优化配置，通过按劳分配和按股份分红调动入户农民的积极性，从而实现合作效益最大化的合作组织。在青海，这是农牧区较为普遍的一种合作类型，有利于资源整合、建立互助合作机制，但需要进一步完善内部分配、外部联合体系的建立。

第五，龙头企业带动型，即以龙头公司为主体，以"公司+合作社+农户"的形式，组织农户实施产业化发展的合作组织。这种合作组织有利于市场开发和资源共享以及规模化、品牌化发展，但如果农户和企业之间没有形成有效的联结机制，则不利于合作组织的自主发展和农户收益的提高。

(三) 发展趋势

改革开放后，我国农村一直处在巨变中，并成为我国社会转型的核心内涵。特别是，近10多年来，中央一号文件把"三农"问题作为全党工作重中之重，不断加以强调和重视，而农民专业合作经济组织作为解决"三农"问题的载体和平台，呈现出快速发展、不断完善的趋势。

1. 政策支持力度加大

1982—1986年，我国连续五年以"三农"为主题发布的中央一号文件，从包产到户到家庭联产承包责任制，对农村改革和农业发展做出了多项影响深远的具体部署。从第六个中央一号文件起，我国把农民合作组织作为解决"三农"问题的重要途径加以强调和支持，这在不断提高农民合作组织地位的同时，促进了其快速发展。2005—2020年相关支持政策见表3-5。

表3-5 2005—2020年中央一号文件中对农民合作组织的支持政策

年份	中央一号文件	相关内容
2005	《中共中央、国务院关于进一步加强农村工作提高农业综合生产能力若干政策的意见》	支持农民专业合作组织发展，对专业合作组织及其所办加工、流通实体适当减免有关税费
2006	《中共中央、国务院关于推进社会主义新农村建设的若干意见》	推广龙头企业、合作组织与农户有机结合的组织形式，让农民从产业化经营中得到更多的实惠。积极引导和支持农民发展各类专业合作经济组织，加快立法进程，加大扶持力度，建立有利于农民专业、合作经济组织发展的信贷、财税和登记等制度
2007	《中共中央、国务院关于积极发展现代农业扎实推进社会主义新农村建设的若干意见》	支持龙头企业、农民专业合作组织等直接向城市超市、社区菜市场和便利店配送农产品。要采取有利于农民专业合作组织发展的税收和金融政策，扩大农民专业合作社建设示范项目资金规模，着力支持农民专业合作组织开展市场营销、信息服务、技术培训、农产品加工储藏和农资采购经营

续表

年份	中央一号文件	相关内容
2008	《中共中央、国务院关于切实加强农业基础建设进一步促进农业发展农民增收的若干意见》	尽快制定农民专业合作社税收优惠办法，各级财政继续加大对农民专业合作社的扶持力度。支持发展农业生产经营服务组织，为农民提供代耕代种、用水管理和仓储运输等服务
2009	《中共中央、国务院关于促进农业稳定发展农民持续增收的若干意见》	加快发展农民专业合作社，开展示范社建设行动，加强合作社人员培训，各级财政给予经费支持。支持供销合作社、邮政、商贸企业和农民专业合作社等加快发展农资连锁经营，推行农资信用销售
2010	《中共中央、国务院关于加大统筹城乡发展力度 进一步夯实农业农村发展基础的若干意见》	着力提高农业生产经营组织化程度；推动统一经营向发展农户联合与合作，形成多元化、多层次、多形式经营服务体系的方向转变；积极发展农业农村各种社会化服务组织，为农民提供便捷高效、质优价廉的各种专业服务
2011	《中共中央、国务院关于加快水利改革发展的决定》	大力发展农民用水合作组织
2012	《中共中央、国务院关于加快推进农业科技创新持续增强农产品供给保障能力的若干意见》	扶持农民专业合作社、供销合作社、专业技术协会、农民用水合作组织、涉农企业等社会力量广泛参与农业产前、产中、产后服务
2013	《中共中央、国务院关于加快发展现代农业，进一步增强农村发展活力的若干意见》	农民合作社是带动农户进入市场的基本主体，是发展农村集体经济的新型实体，是创新农村社会管理的有效载体。支持农民合作社、专业服务公司、专业技术协会、农民用水合作组织、农民经纪人、涉农企业等为农业生产经营提供低成本、便利化、全方位的服务，发挥经营性组织的"生力军"作用
2014	《中共中央、国务院关于全面深化农村改革加快推进农业现代化的若干意见》	采取财政扶持、税费优惠、信贷支持等措施，大力发展主体多元、形式多样、竞争充分的社会化服务，推行合作式、订单式、托管式等服务模式
2015	《中共中央、国务院关于加大改革创新力度加快农业现代化建设的若干意见》	探索农村集体所有制有效实现形式，创新农村集体经济运行机制；抓紧抓实土地承包经营权确权登记颁证工作；发展多种形式的股份合作，完善有利于推进农村集体产权制度改革的税费政策
2016	《中共中央、国务院关于落实发展新理念加快农业现代化 实现全面小康目标的若干意见》	积极培育家庭农场、专业大户、农民合作社、农业产业化龙头企业等新型农业经营主体。加强农民合作社示范社建设，支持合作社发展农产品加工流通和直供直销

续表

年份	中央一号文件	相关内容
2017	《中共中央、国务院关于深入推进农业供给侧结构性改革 加快培育农业农村发展新动能的若干意见》	大力培育新型农业经营主体和服务主体,通过经营权流转、股份合作、代耕代种、土地托管等多种方式,加快发展土地流转型、服务带动型等多种形式规模经营。支持农技推广人员与家庭农场、农民合作社、龙头企业开展技术合作。开展农民合作社内部信用合作试点,鼓励发展农业互助保险
2018	《中共中央、国务院关于实施乡村振兴战略的意见》	发展多样化的联合与合作,提升小农户组织化程度。注重发挥新型农业经营主体带动作用。实施新型农业经营主体培育工程,培育发展家庭农场、合作社、龙头企业、社会化服务组织和农业产业化联合体,发展多种形式适度规模经营
2019	《中共中央、国务院关于坚持农业农村优先发展做好"三农"工作的若干意见》	支持发展适合家庭农场和农民合作社经营的农产品初加工。支持供销、农民合作社等开展农技推广、土地托管等农业生产性服务。突出抓好家庭农场和农民合作社两类新型农业经营主体,开展农民合作社规范提升行动,深入推进示范合作社建设,建立健全支持家庭农场、农民合作社发展的政策体系和管理制度。完善"农户+合作社""农户+公司"利益联结机制
2020	《中共中央、国务院关于抓好"三农"领域重点工作确保如期实现全面小康的意见》	国家支持家庭农场、农民合作社等建设产地分拣包装、冷藏保鲜、仓储运输、初加工等设施,对其在农村建设的保鲜仓储设施用电实行农业生产用电价格。重点培育家庭农场、农民合作社等新型农业经营主体,培育农业产业化联合体,通过订单农业、入股分红、托管服务等方式,将小农户融入农业产业链

在落实中央一号文件的同时,我国相继出台了与《中华人民共和国农民专业合作社法》相配套的登记条例、示范章程、财会制度和四项税收豁免扶持政策、项目支持等一系列法规。为保护农民合作组织的发展,提出农民专业合作社可享有反垄断的豁免制度等。从诱致性制度变迁的角度,以不断提高农民参与专业合作组织比例、增强可持续发展能力、改善与农户利益联结机制、提升参与农户的收入水平为目标,从加大专项投入力度、鼓励项目扶持、税收优惠、完善配套制度等方面,鼓励和支持农民专业合作经济组织的发展。特别是,"一法、一条例、一章程、一制度、四免税"的颁布实施,标志着农民专业合作经济组织建设与发展的法律法规制度体系框架基本建立。

近年来,从国家到地方不断加大对农民专业合作经济组织的财政支持力度,特别是国家资金的投入量更是逐年增长:2003—2013年,中央财政(由财政部门、农业部门分别投入)累计安排专项资金52.9亿元;2015年,中央财政拨付20亿元人民币专项资金,用于对农民专业合作经济组织发展的支持。从2004年起,农业部(现农业农村部)围绕优势农产品产业带、主导产品及各地名特优产品建设,组织实施了农民专业合作组织示范项目,以北京等12个省(区、市)为全国试点,开展标准化生产、专业化经营、市场化运作、规范化管理;并把示范社作为中央支农扶持重点,加大对符合条件的合作社的财政项目资金支持力度,将财政项目形成的资产转交合作社持有和管护,增强了农民专业合作经济组织的发展后劲。据统计,从2013年起,全国各级示范社超过10万家;到2015年底,全国合作组织注册量达153万家,入社农户实际达1亿多户,占到全国农户总数的42%。整个"十二五"期间,我国农民合作社数量增长近3倍,入社的农户比率提高约31%,其带动能力逐步增强。进入"十三五"时期,针对农民专业合作经济组织发展中出现的各种问题,我国加大了对农民专业合作经济组织的规范力度,合作组织发展逐步放缓,高速增长开始减缓。到2020年,登记注册的农民专业合作经济组织数量为225万家,与2015年相比,年均增长8%,且县级以上示范社占到了农民合作社总数的7%以上,这些农民专业合作经济组织辐射带动了近一半的农户。农民专业合作经济组织的发展,引导和带动了我国农业经济的有效发展,对推动农村经济的发展和农民增收起到了积极作用。

2. 整合发展能力增强

经过近一个世纪的发展,我国农民专业合作经济组织由单一合作形式向综合合作形式转化,合作范围和合作内容也不断得到拓展,联合经营、整合发展成为今后发展的大趋势。特别是在全球农民合作组织规模化发展实施跨区联合甚至是跨国联合的大背景下,在我国整体经济进入快速发展,农产品市场竞争加剧,因工业领域部分产品产能过剩、政府负债过大、银行坏账趋高导致的农民专业合作经济组织融资渠道有限、投资来源不足的局势下,农民专业合作经济组织间的联合将成为今后发展的主要模式。据统计,截至2020年,我国各类农民专业合作经济组织联合社有1.3万家,联合的合作组织近16万家。这些合作组织联合后,无论是整体资源整合能力还是发展的综合效益都得到显著提升。

近年来,我国农民专业合作经济组织发展覆盖面不断扩大,涉及农业、林业、水利、供销等各领域、各方面、各环节,并由数量扩张向数量增长与质量提升并重转变。超半数的农民合作社提供"产加销"一体化服务,农民专业合作经济组织开展经营业务基本能涉及电子商务等现代技术的应用,更多农民专业合作经济组织在淘宝、京东、快手等平台上进行产品展示、销售,业务领域逐步拓宽,对相关网络的应用、资源的整合能力都在逐步提升。根据2001年我国颁发的《农业产业化国家重点龙头企业认定及运行监测管理暂行办法》规定,我国首批确定的农业产业化国家重点龙头企业有151家;到2019年,我国已经有1500多家农业产业化国家重点龙头企业,以"公司+合作社+农户"等运营模式,在标准化生产、产品研发、农产品深加工等领域,对农民专业合作经济组织整合资源优势、对接市场等起到了积极的带动作用。随着城乡一体化建设、农业产业化的不断深入,农民专业合作经济组织整合发展的趋势还将不断增强。

3. 规范经营势头强化

与世界农民合作组织发展相比,我国农民专业合作经济组织的发展尚在起步阶段,规范发展将是今后发展的必由之路。为此,2009年,农业部等11部门在《关于开展农民专业合作社示范社建设行动的意见》中确定了农民专业合作经济组织示范社建设目标和主要内容,从经营规模、服务能力、产品质量、民主管理等层面提出了国家示范社的评定原则、标准,规范了示范社的评定要求,加强了对农民专业合作经济组织的管理,严格规范农民专业合作经济组织运营机制。在具体操作层面,从中央到地方,以部、省、市、县四级为平台,结合各地实际,按照示范社标准,将服务和运营能力较强、经营效益良好、内部管理规范的农民专业合作经济组织,从资金支持到人员培训,进行重点培育,示范和引导当地农民专业合作经济组织的发展,收到了积极的效果。示范社的建立和产业化组织的运营,对农民专业合作经济组织的规范发展起到了一定的示范引领及带头作用,也从侧面提高了这些合作组织带领农民增收的积极性，提升了其市场竞争能力。但农民专业合作经济组织的规范，是一项长期工作，不是一朝一夕就能完成的，无论是在制度层面还是具体落实过程中，都需不断加强和完善，使之更趋科学、透明、完备而合理。

4. 服务功能更完善

按照《中华人民共和国农民专业合作社法》的规定，农民专业合作经济组织就是为其成员农产品生产各环节提供服务的。一个农民专业合作经济组织能否实现可持续发展，主要体现在其服务能力的可持续性上。我国农民专业合作经济组织的发展，伴随着服务功能的不断强化得以发展壮大。特别是，近年来，我国农民专业合作经济组织在信息技术、"产加销"一体化经营、市场拓展等方面的能力不断提升，据农业农村部统计，目前，全国有一半的合作社开展一体化服务。今后这一趋势将伴随农民专业合作经济组织发展水平的提高而逐步深入，并向社会化服务领域拓展。作为农业经济发展的重要载体，农民专业合作经济组织必将在农产品质量安全、标准化生产、生态维护、服务贸易等社会化服务领域发挥更重要的作用。

5. 结构调整势在必行

改革开放后，我国农村结构发生了深刻变化。1983 年，在农村重新恢复乡政府；1987 年，在全国农村普遍建立村民委员会，实施乡镇政权与村民委员会相结合的"乡政村治"模式。随着城镇化的推进，我国农村基层群众组织数量在逐步减少。据统计，我国乡（镇）组织从 1990 年的 5.60 万个减少到 2012 年的 3.30 万个，到 2016 年下降到 3.18 万个，到 2019 年下降到 2.90 万个。尤其是村民委员会，在 1990 年最多曾达到 74.0 万个，到 2012 年下降到 59.0 万个，到 2020 年下降到 50.2 万个，比 2019 年下降 3.1 万个。

随着我国城镇化工作的不断推进，农村人口逐步减少。自 2012 年起，城市人口超过农村人口，占比达到 51.27%。在 2 亿多的农民工中，有 20% 人口迁入城市工作。《国家新型城镇化报告》数据显示，2015 年，我国城镇化率达到 56.1%，高出世界平均水平约 1.2 个百分点；到 2020 年，这一比重达到

63.9%。国家相关部门预计,2050年,我国的城镇化率将达到71.0%以上。因而,农村社会结构已经发生变化。根植于农村土壤的农民专业合作经济组织,其结构的调整在所难免。特别是,农民专业合作经济组织在规范化发展、规模化经营、高效优质服务、提升带动能力及市场竞争力水平等方面,必将随着我国农业经济的发展需要,不断进行结构优化、提质增效、引领带动等方面的改革和完善。

6. 发展趋势国际化

作为一项农业经济发展的制度安排,农民合作组织发展对世界各国农业经济发展起到了积极的促进作用。农民专业合作经济组织的发展历史告诉我们,立足市场,服务农民,突出效益,提升竞争力是其发展的目标。随着经济全球化的不断深入,各个国家生产经营活动在世界范围内逐渐趋于一致,包括农民专业合作经济组织在内的各个市场主体,其经营理念、运行规则、竞争方式等都将遵从贸易市场规则,以求得生存和发展,进而推动本国农业经济的高质量、高水平发展。

经济全球化既是一种约束也是一种激励,将有利于促进农民专业合作经济组织改革的深化,有助于农民专业合作经济组织管理运营、人才和品牌建设以及市场竞争力水平的提高。随着经济全球化和农产品贸易的国际化程度不断加深,通过吸收借鉴和利用大量外资及国外先进的生产技术、经营理念,农业经济发展中组织化、产业化、标准化水平将不断提升,包括青海在内的我国农民专业合作经济组织发展水平也将不断提高。

二、国外农民合作社的发展及主要模式

(一)演进历程

1. 近代主要合作思想

国外合作思想的形成历史悠久。英国莫尔的《乌托邦》和意大利康帕内拉的《太阳城》两书中的合作思想,是近代合作制思想产生的标志。

早在16世纪初,随着资本主义工业化过程的深入推进,社会阶级矛盾不

断加剧，空想社会主义随即产生，并盛行于19世纪初期的西欧。圣西门、傅立叶和欧文是空想社会主义的三个杰出代表人物，同时也是合作经济思想的启蒙者和积极倡导者，是早期最具影响力的合作经济思想家。英国作为欧洲现代合作经济思想发源地的代表，在19世纪三四十年代，随着资产阶级产业革命的进行，成为世界经济发展中心，但也导致了生产资料的私有化和生产的社会化之间的尖锐矛盾。为消除资本主义制度的种种不合理现象，以空想社会主义思想理论为背景，1844年，英国曼彻斯特北部的罗虚代尔镇28名失业纺织工人成立了"罗虚代尔公平先锋社"。其著名的"罗虚代尔原则"，成为国际合作制度的经典原则。国际合作社联盟（ICA）于1895年在英国成立，它所确立的合作社七原则，是世界公认的基本原则。

在近代合作经济思想史上，曾有过以路易·布朗（Louis Blanc）和裴迪南·拉萨尔（Ferdinand Lasslle）为代表的小资产阶级社会主义、国家社会主义合作社思想，也有过以威廉·金（William king）为代表的基督教社会主义合作社思想。其中，在与空想社会主义合作经济理论相近时期，英国的威廉·金，作为一位与欧文齐名的西方"合作社之父"，在1827—1834年从小型合作社商店到开办工业合作社，再到组织公社，由小到大，组织了近500个合作社，形成他所在城市布莱顿城著名的"布莱顿合作社浪潮"。尽管其最终失败了，但对后来的合作经济思想产生了深远影响。这些代表中的国家社会主义合作思想家，主张在资本主义国家兴办生产合作社，被称为"生产合作派"。他们都认为国家应该给予合作社资金帮助，并通过合作社由内而外加以体现或实现社会主义。

2. 马列合作思想理论

在马克思和恩格斯创立的科学社会主义学说中，合作经济的理论是其重要的组成内容。在批判地继承空想社会主义的基础上，马克思和恩格斯从资本主义向共产主义过渡的角度，提出了合作制度的基本性质、条件和特点，分析了在资本主义条件下合作社的局限性等问题。在对农业合作类型进行分析时，马克思和恩格斯提出将国有土地交给合作社经营，发展合作社经济，即让合作社在社会监管下经营国有土地。同时，他们指出："把各个农户联合为合作社，以便在这种合作社内愈来愈多地消除对雇佣劳动的剥削，并把这些合作社逐渐变成全国大生产合作社拥有同等权利和义务的组成部分。"

列宁更是将合作社作为实现社会主义的途径加以看待。他的合作社理论集中体现在1923年发表的《论合作制》一文中。他认为，合作社的性质取决于社会生产关系的性质，合作社适合农民的特点，国家要从各个方面帮助合作社发展。这些理论为所有社会主义国家引导农民走社会主义道路提供了指导。

（二）主要模式

世界各国在发展农民专业合作经济组织过程中，根据自身农业政策、资源效率、经济体系等状况形成了一定的发展模式。此处，主要针对发达国家农民专业合作经济组织的发展模式加以论述。其主要原因是：发达国家农业经济发展较为成熟，而且是农民专业合作经济组织的诞生地。经过漫长的发展历程，尽管发达国家对农民专业合作经济组织的叫法各不相同（大多叫"农民合作社"，此处统称为"农民专业合作经济组织"），但农民专业合作经济组织的发展路径基本一致，且在整合中采取的措施和方法有较多的相同点。

在发达国家发展历史的早期，代表国家利益的公司，曾为西方国家的工业化发展开疆拓土。而在现代农业发展中，在经济全球化背景下，发达国家更是将农民专业合作经济组织作为各国管理农民、治理农村经济、增强农产品国际竞争力、有效发展农业经济的主渠道加以扶持和利用，成为发达国家充分运用全球资源，实现农业经济高速发展的重要力量。目前，发达国家基本上形成了对内以农场经济为基础，对外以农民专业合作经济组织为先锋的农业发展模式，积极谋求国际农产品市场的主动权，稳步发展农业经济。

传统的农民专业合作经济组织在西方发达国家以农产品生产、加工、销售领域的合作组织为主，但随着经济全球化的发展，农民专业合作经济组织呈现出多元化发展模式。目前，学术界将西方农民专业合作经济组织的发展模式大致分为两大类型：第一类是以欧美为代表的农民专业合作经济组织

"专业化+跨区域"合作模式,第二类是以日本为代表的农民专业合作经济组织"综合性+社会化"合作模式。

1. 以欧美为代表的农民专业合作经济组织"专业化+跨区域"合作模式

以欧美为代表的农民专业合作经济组织突出专业化发展模式,向农场主提供专业性高端服务,以保证现代农业的规模化发展,这种模式在发达国家居多。在欧洲,农民专业合作经济组织形式非常普遍,而德、法两国的农民专业合作经济组织发展模式具有很强的代表性。德国是世界第一部合作社法(1889年)的诞生地,也是世界农民专业合作经济组织的发祥地,而法国是世界农业经济大国之一,两国农业经济的发展主要依靠合作组织加以实施。以德国、法国为代表的农民专业合作经济组织,其主要特点是专业性强,以专业合作为主要模式,一般围绕某一优势产品或服务功能组建。从其经营活动来看,主要分为生产领域合作组织和流通领域合作组织,其中,以流通领域合作组织为主。经过多年的发展,德、法两国的农民合作组织已形成多层级的专业合作社联盟体系,从基层合作社到区域性合作社联盟或从区域性专业协会到全国性合作社联盟或全国性行业协会,构成了系统的农民专业合作经济组织管理体系。最高层不从事具体的经营业务,主要进行农民专业合作经济组织的协调和服务工作。

美国地广人稀,农场面积广阔,农业机械化程度高,每个农场主经营平均规模约200公顷的农场,且专业的合作经济组织既能提供综合服务,又能降低运营成本,提高了每个农场的边际效率,因而,使得农民专业合作经济组织覆盖面广,作用发挥较为充分。美国农民专业合作经济组织形式多样,以供销合作社、服务合作社和产业合作社为主,包括供货合作社、营销合作社、乡村电力合作社、乡村电话合作社、农民火灾保险合作社、奶牛改良合作社、共同灌溉公司、放牧合作社、多种经营合作社等;此外,还存在很多具有合作性质的诸如联邦土地银行协会、生产信贷协会、合作银行、乡村信贷联合会等专业协会、专业技术协会。

欧美农民合作组织专业性强,且基本以农场为基础,通过农民专业合作经济组织实施跨区经营,其运营方式和组织制度都与股份合作企业类似。在跨区乃至跨国经营过程中，这类合作组织与各种专业合作组织之间深度联合，有些已经形成混合型的合作组织联盟。

2. 以日本为代表的农民专业合作经济组织"综合性+社会化"合作模式

以日本为代表的农民专业合作经济组织是一种由政府推动、当地农户自愿联合建立的服务组织，其特点是综合性强，社会化突出，这在印度、泰国、越南等发展中国家特别是亚洲国家较为普遍。

日本农民的组织化程度很高，从中央到地方设立三级组织体系，每个村庄都有农协，所有农民都参加了农协。日本农协分专门农协与综合农协，专门农协一般从事特定作物的经营及其相关业务，不包含金融储蓄及贷款业务；综合农协的业务包括金融存贷款、采购、保险、销售、加工、农业经营及生活相关业务的指导、医疗健康等。因此，日本综合农协的发展规模越来越大，逐渐取代了专门农协的部分业务，使专门农协规模不断缩小，定位愈加模糊，一些专门农协合并到了综合农协。

与欧美农民专业合作经济组织相比，日本农协同样在政策立法、资金扶持方面得到了政府大力支持，但日本农协对政府的依赖性更大，社会组织色彩更浓厚，综合性更强，农协对成员的服务，从产、供、销环节到保险、信贷、技术以及营农、生活、管理方面的指导等，应有尽有。农协内部管理和服务非常完善，每个合作社平均有30多个管理人员，而经理和专业人员与农协是雇佣关系。农协对农民从产前到产后进行全方位的系统服务。

（三）发展趋势

在国外，自"罗虚代尔公平先锋社"诞生以来，农民专业合作经济组织得到快速发展，形成了以城市居民和工人、农村居民和农民为主的两大类合作社。历经一个多世纪的发展，在农民专业合作经济组织发展领域，逐步从产、供、销到融资、信息、服务等各个环节都建立起了相应的专业合作经济组织。比较典型的类型有农民消费和购买合作社、生产和营销合作社以及信用合作社。这些农民专业合作经济组织在秉承传统的民办、自愿、互助、开放和民主管理的合作社法则基础上，根据各国农业经济和农民生产实际，进行了不同的改造和创新,彰显出不同的发展趋势。

国外农民专业合作经济组织主要类型和特点见表3-6。

表3-6 国外农民专业合作经济组织主要类型和特点

主要类型	特点
以美国、加拿大、巴西为代表的农场主合作组织	1. 自愿入股组成合作社,规模化经营,跨区域性专业合作 2. 市场化程度高,保持了完全独立的生产经营决策权 3. 合作组织成员通过合同形式连接到农业一体化组织体系中
以日本、以色列和中国台湾为代表的社区性合作组织	1. 组织化程度高,综合性服务强 2. 服务的全面性突出 3. 政府扶持力度大 4. 更加彰显组织的严密性 5. 系统体现民主性管理
以德国、法国为代表的专业性合作组织	1. 合作组织产业化与专业性均很强 2. 具有严密的组织体系 3. 专业性合作组织不受社区限制 4. 实行股份合作制,会员出资入社
北美地区"新一代合作社"的综合性合作组织	1. 实行交易份额制或限制会员制 2. 以"投资-利润"为经营取向 3. 接近普通股份制企业

上述农业经济发达国家,农民专业合作经济组织大多经历了漫长的发展时期。随着科技进步、市场和农产品国际化竞争的不断加剧,国外农民专业合作经济组织呈现出新的发展趋势,对世界农民专业合作经济组织的发展产生了深刻影响。

1. 不断加大政府扶持力度,提高农民参与度

以发达国家为代表,各类农民专业合作经济组织业已成为各国农业经济的重要组成部分,并极大地促进了相关国家农业经济的可持续发展和农业现代化水平的提高,在各国农业经济的发展进程中,具有举足轻重的地位和作用。时至今日,各国政府都积极致力于农民专业合作经济组织的发展,采取多种措施促进农民专业合作经济组织在生产经营、综合服务、提升竞争力等方面发挥作用。随着农民专业合作经济组织在农民与政府间桥梁作用的发挥,这一趋势将愈加明显。

德国等欧洲发达国家的农民专业合作经济组织基本上始于19世纪中后

期。虽然欧美农民专业合作经济组织属于自发型组织，但在合作组织发展过程中，各国政府从立法到资金，都给予了大量的支持。早在 1889 年，第一部《合作社法》就在德国诞生。之后，欧洲一些国家开始颁布合作社法，如瑞典于 1895 年颁布了《合作社协会法》。美国是各州分别立法，有关合作社法是在 1865—1870 年有 6 个州分别立法后在全国铺开的。日本效仿欧洲国家对合作社的管理经验，于 1947 年制定了《农业协同组织法》。

各国政府用法律加以引导、保护和规范农民专业合作经济组织的同时，也在资金方面对合作经济组织给予了积极支持。以德国巴伐利亚州为例，早在 20 世纪 90 年代，州政府每年对农业的各类投资和补贴约 50 亿马克，其中 10% 用于支持包括合作社在内的各类农民专业合作经济组织。以政府推进型为主导的日本农协，政府的支持力度更大，政府通过农协投放支农资金，仅 1947 年至 1986 年，日本政府就拿出 2117.41 亿日元的补贴扶持农协。在各国政府的推动下，农民专业合作经济组织成为各国农业经济发展的主力军。

在欧美等发达国家，农民专业合作经济组织一直居于农业经济发展的主导地位。特别是在农民专业合作经济组织发展较为成熟的美国、日本、法国等国家，农户参与农业合作经济组织的比例达 90% 左右，成为农业经济发展的重要载体和途径。尤其是世界农业大国美国，农业的市场化程度高，农民的组织化程度也高，在美国政府的重视下，农民合作社成为美国农业经济发展的主导模式。自二战后，美国政府对农业的政策支持力度不断加大，农民合作社得到快速发展，规模和实力不断增强，农业技术也不断提高，农产品对外贸易增长很快。美国农业以家庭农场为单位，合作社也以此为基础，被称为"农场主协会"。农场主为了应付市场竞争，提高运营效率，绝大多数加入了农业合作社，而且是多个合作社。经营规模大是美国农业的一大特点。美国农业合作社以加工和销售业务为主，其专业化程度很高，大多实行跨区联合经营。20 世纪 90 年代初，美国"新一代"合作社开始兴起。以"新一代"合作社为代表的合作组织选择产权更为明晰的股份制运行机制，从农业生产经营领域向综合性、一体化方向发展。如今，美国农业现代化水平和农业综合贸易水平均居全球首位，而农产品贸易中80%的生产和加工均来自合作社。美国人口共有3亿多，由于规模化和机械化程度较高，只有不到1%的人从事农业生产，而其中将农业作为主业的人只有一半。随着农业现代化水平的不断提高，农民专业合作经济组织由数量型向质量型、规模化方向发展。据统计，2009年美国农业合作社只有3000个，尽管美国农民有210万人，但由于部分农民参加了一个以上的农业合作社，社员数达260万人（牛序茜，2012），足见农民组织化程度之高，这不仅适合美国地广人稀的农业特点，也成为美国农业提升市场竞争力的重要手段。

日本的农民专业合作经济组织更是典型的政府扶持型组织。日本农协从创建之初就得到了政府的大力扶持和政策支持，且一直处于政府的保护和援助之下，平均每个综合农协有3000多人，农户中绝大部分成员是农协的会员。

由此可见，世界农业强国为使农民提高自我服务、自我管理、开拓市场、提升市场竞争力，不断加大对农民专业合作经济组织的投入力度，从组织管理到组织培育，引导和扶持农民专业合作经济组织的发展，从而保证和促进其农业经济的发展。

2. 突出服务性，强化综合性

为了适应农业现代化发展进程，世界各国农民专业合作经济组织均呈现出综合性发展趋势，从生产、加工、销售到融资、信息、技术等各领域和环节，经营范围不断扩大，服务领域不断拓展，服务能力不断提升，形成了以综合性服务为主的合作经济组织模式。这方面比较典型的是日本。日本的农民专业合作经济组织是农协。日本农协是由多个小规模农场组成的。由于日本大部分农场规模小于1公顷，农户之间的需求、与市场的对接等呈现多元化和多样化，这势必导致业务单一、专业化程度高的合作经济组织难以满足农户的综合需求，运营成本高、效率低。而农协突出的特点就是为这些农场提供综合性服务，包括指导与组织农户的生产经营、各种生产和生活资料的供应、各种农业信贷以及农产品的收购等多方面的经营业务。因此，日本农协能够以较低的经营成本为农场主提供综合性服务，满足农户经营的各种需要，成为农户行之有效的必然选择，推动着日本农业现代化及产业化经营模式的高效运行。与日本的小农场规模相反，美国和欧洲国家，农场规模越来越大。为避免规模不经济，各种农民专业合作经济组织在扩大规模的同时，服务功能也在不断扩展，包括农民合作社在内都是服务型合作组织，官方统计农民专业合作经济组织时，对生产合作社也是忽略不计。同时，为提高农业的国际竞争力水平，增加农民收入，欧美农民专业合作经济组织产业化水平得到快速提升，其服务的专业性和经营的综合性成为发展的主趋势之一。

3. 规模化经营，企业化组织

世界农业经营规模走过了由单一经营到规模化发展的道路，与之相适应，各国农民专业合作经济组织的发展历程，也经历了由分散到集中，由小型经营到规模化、产业化发展的路程。纵观当今世界农民专业合作经济组织，特别是在发达国家，一个共同的趋势是，农民专业合作经济组织总量在减少而规模却在不断扩大。在注重生产效率和降低成本的欧洲，农业市场竞争较为激烈，欧洲既是最早建立合作社的开创区，也是整合缩减合作社数量、进行规模化发展的先行区，许多欧洲国家早在20世纪60年代就开始了合作社的大量兼并过程。

欧盟是世界最大的牛奶生产区，其27个成员国中，25个有牛奶产业。欧盟也是世界最大的乳制品出口基地，其黄油出口占世界出口市场的40%，奶酪占到1/3，而90%以上的奶农是各类奶业合作经济组织中的成员，这些奶业合作经济组织产业化程度较高，从饲养到牛奶收购、销售，对奶农实施全程服务。为增强国际竞争力，从2000年丹麦的MD Foods与瑞典的ARLA合并成立Arla Foods奶业合作社开始，欧盟经历了一系列奶业合作社的跨国合并历程。这些大型的综合性跨国合作社集团，经营更加市场化，有些还设立了技术研发基金，使产品的市场竞争力不断提升，而且在奶产品标准执行、质量安全、技术推广等方面发挥了积极作用，保证了这些国家的国际农业地位。因此，这种整合兼并，使欧洲农业发达国家农民专业合作经济组织布局更加合理，减少了农产品经营中的恶性竞争，保证了农产品在世界贸易格局中的地位，促进了农业经济的发展。

日本农协也经历了同样的发展历程。与欧美不同，日本农协是由政府"自上而下"推进的结果，且一直处于政府的保护和援助中。1997年，针对因中间环节过多而引起管理费用增加的问题，日本农协对合作组织进行了整合，改"基层—县—中央"的三级组织体系为"基层—中央"的两级组织体系；之后，农协数量也从1992年的3073个减少到2000年的1411个。

在美国，农民专业合作经济组织整合力度较大。美国相关部门公布的数据显示，1970—1991年，美国平均每年有150多家合作社被整合，而合作社社员却由平均815.8人增加到了903.2人，合作社平均营业额由245万美元增加到了1705万美元。近几年这一发展趋势仍在继续。2011年，美国共有农场220万个，比上年减少1万个，平均每个农场面积达200公顷，而以销售、购买和服务为主要类型的农业合作社有2285个，比上年减少29个。这些农业合作社税前净收入达54亿美元，比上年增加25%以上；营业收入达2130亿美元，比上年增加400多亿美元，农民专业合作经济组织的规模化经营得到不断扩展。与日本不同，美国农民专业合作经济组织在地理分布和成员结构上，分为地方性农业合作社和区域性农业合作社，其中，区域性农业合作社是地方性农业合作社兼并重组的产物。

发达国家农民专业合作经济组织规模化发展过程中，一个明显趋势是农产品加工产业链不断延长，以流通合作组织为主流，竞争力水平不断提升，使农民专业合作经济组织的经营不断趋于企业化方向发展。这种企业性在入社和分配方面表现得尤为突出，农民以股份制方式入社，按股分配，与普通股份制企业相类似，且经营的商业性愈来愈突出。

4. 强调投资，注重效益

随着市场经济的发展和经济全球化的推进，世界各国农业经济也在朝着一体化方向发展，传统的经典合作思想已经发生改变，农民专业合作经济组织面对市场和竞争，从凝聚合力的经营角度出发，在组织行为上已形成企业化发展趋势，从融资到资源配置、销售方式等都以企业模式运作，更加注重经济效益，不同的是，企业完全以营利为目标，而农民专业合作经济组织更多强调"对内服务，对外营利"。从各国农民专业合作经济组织发展趋势来看，股份合作成为其主要发展形式。

二战后，为了解决发展规模与经营资金问题，各国农民专业合作经济组织纷纷引入股份制发展理念，该理念使农民专业合作经济组织成员具有"双重"身份，其既是经营者又是投资者。比较典型的是美国的做法。1810年，美国康涅狄格州建立了第一家牛奶营销合作社。美国农民专业合作经济组织从成立之日起就带有明显的企业性，合作组织资本主要由社员直接投资和收入留成组成。随着新一代农民专业合作经济组织的建立，合作组织合作制与股份制的"双重"身份愈加明显，社员在入社时，即以投资者身份，用普通股、优先股或其他形式的资产获得社员资格。同时，合作社还向社员或包括社区在内的非社员大量出售优先股或资产凭证，持有者具有分红权，但没有投票权。而在日本，农协对内完全是合作关系，基本上以代理形式，只是收取手续费，技术培训等服务都是无偿的，这些方面的支出主要靠农业经营保险和信用业务的盈余来维持；对外，对待非会员，则完全采取市场方式，以营利为目的。据日本统计，70%以上的基层农协对会员经营的业务是赔本的，而用信用业务、农业经营保险的盈余来补贴这方面的支出。

美国农业专业合作经济组织的企业性、商业性更突出，内部合作以交易行为为主。相对于美国，欧洲国家的农民专业合作经济组织更具有典型合作特征。由于合作社毕竟属于经济组织，当今世界各国的共同发展趋势是商业化趋势渐浓，无论是经营战略还是经营方式都带有企业化倾向。

5. 深度联合，跨区经营

随着市场化程度的不断提高和全球经济一体化进程的逐步推进，各国农民专业合作经济组织"纵向联合，横向经营"的发展趋势日益明显。在纵向发展中，农民专业合作经济组织以专业化、产业化发展形式，实施深度联合，不仅有劳动方面的联合，也有资本方面的联合。同时，在横向发展中，加强规模化经营，实施跨区甚至跨国合作，扩大市场半径，拓宽覆盖领域，呈现出强劲的发展势头。在这方面，欧盟地区奶业合作经济组织发展就很具有代表性。作为全球最大的牛奶产区和乳制品出口基地，欧盟地区发达的牛奶产业为相关国家奶业合作经济组织的联合经营奠定了基础。特别是在素有"欧洲乳酪市场"之称的丹麦，依据北欧独特的自然环境和发达的畜牧业经济，奶业合作经济组织迅速崛起。成立于1881年的全球第一家合作社制的乳制品公司 Hjedding Mejeri，就是通过与瑞典及英国、德国等多国乳制品公司合并，组织相关国家的牧场主联合开发全球乳业市场，既解决了投资问题，又拥有了足够的奶源，产品在世界100多个国家畅销，保障了该公司在全球乳业领域的领先地位。2012年，该公司还与我国最大的乳制品公司蒙牛乳业签署合作协议，成为蒙牛第二大股东，其市场领域得到进一步拓展。因此，各国农民专业合作经济组织的深度联合，冲破了简单意义上的区域经济合作，使农业资源得到有效配置，也必将促成全球农业经济资源的整合及加剧国际农产品市场的竞争。

第四章

青海农牧民专业合作经济组织建设历程及发展基础

一、青海农牧民专业合作经济组织建设历程及所起作用

（一）新中国成立前的农牧民合作组织

青海自古是少数民族聚居地区，不论是古代的茶马贸易，还是近代及民国时期，农牧业对于促进青海的经济发展和社会进步，以及改善各民族的物质文化生活，都起到积极的作用。特别是在畜牧业领域，由于"丝绸之路"上"青海道"形成，青海成为中西商品交流的陆路交通要道，带动了农牧业经济的发展。加之青海自初唐以后保持了较长时间的安定，畜牧业经济很发达。

1941年（民国30年），青海省政府遵照国民政府训令，"推广合作事业，促进后方生产，以充实抗战力量"，成立"青海省合作事业管理处"，隶属省政府建设厅。1943年（民国32年），将"青海省合作事业管理处"调整充实为"青海合作事业管理局"，在各县设"合作指导室"。1944年（民国33年）1月，成立"省府员工消费合作社"；4月，将"省府员工消费合作社"改为"青海合作社物品供销处"，由员工筹集653股共计41120元，其余近百万元筹款由马步芳政权投资。1946年（民国35年），将员工股金分出，另行组织员工消费合作社。到1946年7月，青海省、市、乡、镇、堡（村）共有合作社243个，其中，兼营农业生产的合作社有122个，专营手工业生产的合作

社有 16 个，专业信用合作社有 88 个，消费合作社只有 17 个。到 1949 年（民国 38 年）6 月，据不完全统计，青海共有合作社 262 个，其中，农业区大通 37 个、湟源 17 个、湟中 42 个、乐都 22 个、民和 22 个、西宁 5 个，其余在牧区。

（二）解放初期青海农牧民合作组织建设概况

新中国成立后，土地改革政策的实施，使青海农村经济获得较快发展。到 1955 年，青海粮食产量比 1949 年增加 29.4 万吨，增长率达 90.4%，特别是在牧区，存栏的草食牲畜在 1955 年末达到 527.4 万头（只），增长了 70.4%。其间，按照国家农民互助合作的建设要求，青海组织了农村互助组。截至 1952 年底，66% 以上的农户加入了互助组。

这一时期，青海农牧民专业合作经济组织的建设以牧区为主，农牧民专业合作经济组织特点在牧区表现得较为突出。

1. 牧业社和公私合营牧场

1955 年冬，在全国和青海农业区社会主义改造高潮的影响与推动下，中共青海省委根据中共七届六中全会《关于农业合作化问题的决议》指示的"在纯牧业地区，如果有条件，也可以试办牧业合作社"精神，开始在牧区部署试办牧业合作社和公私合营牧场，并先后下发了《关于在牧区试办牧业社和公私合营牧场的决定》等文件。文件强调指出，对牧区的互助合作，采用"全面规划，加强领导，积极发展，稳步前进"的方针，贯彻执行"时间要长，步骤要稳，政策要宽"的原则。明确规定，凡是试办牧业社和公私合营牧场的地方，必须具备四个条件：群众有要求和有互助组基础，民族团结和社会秩序安定，有本民族办社干部，大部分上层人物同意。另外，要求试办工作由州、县委直接领导，只准办好，不准办坏。

为了搞好牧业社和公私合营牧场的试办工作，青海制定了多项政策措施。对牧民群众，主要通过合作化的道路加以组织。试办的初级牧业合作社，采取以牲畜入股、统一经营的形式。社员的牲畜折股入社，按股取得牲畜报酬；保留社员对入社牲畜的所有权；社员入社自愿，退社自由；社员退社时，可以把入社牲畜带走。对牧主经济，采取和平赎买政策，主要通过公私合营的办法，进行社会主义改造。牧主的牲畜，折价成股份入场。试办期间，除缴纳公积金、公益金、生产管理等费用外，所得收益按股分红。

按照青海省委的部署和要求，1955年冬至1956年春，省、州、县组织工作组在兴海、贵南、同德、共和、都兰、格尔木、门源、祁连、海晏、尖扎、同仁等11个县，选拔试办牧业社13个，入社牧民256户1091人，入社牲畜48076头（只）。海南州委工作组选定兴海县阿曲乎千户部落进行试点，于1956年1月15日成立了青海牧区第一个牧业社，社名为"灯塔牧业生产合作社"，入社牧民32户。1956年4月，在13个县试办建成牧业社38个，入社牧民583户；到1956年底牧业社发展到45个，入社牧民891户。同时，还在海北州门源县苏吉滩乡试办建立了第一个公私合营牧场，入场牧主5户，入场牲畜7430头（只），自留畜1121头（只）。

1957年1月，中共青海省委、省人民委员会在《关于1957年发展畜牧业生产工作的指示》中提出，为了进一步取得办社经验和提高原有团结互助组，发展生产，增加牧民收入，充分发挥牧业社的示范作用，并给各族人民和代表人物以充分考虑时间，完全做到自觉自愿，决定当年不再建社建场，集中力量整顿巩固已建立起来的牧业社和公私合营牧场。据此，各地抽调干部，进驻牧业社和公私合营牧场，进行整顿，解决了一些比较突出的问题。对经营不便的大社适当划小，自留畜限制过严的适当放宽，调整不恰当的劳动力与牲畜比例，改善经营管理，贯彻执行自愿互利原则，对经耐心教育仍要退社的牧民，允许其退社。这一时期的牧业合作社逐步体现出以农牧民为主、以服务成员为宗旨、入社自愿、退社自由、成员地位平等、盈余公平分配等基本原则。

在发展中，这些牧业社经过整顿、大社划小等一系列整合发展过程。截至1957年11月，海南、海北、海西、黄南、玉树5个州及共和、同德、贵南、兴海、祁连、门源、都兰、乌兰、格尔木、同仁、尖扎、玉树等12个县共有牧业社45个，公私合营牧场1处；入社牧民659户，占总牧户的1%；入社牲畜45720头（只），社内购买公有牲畜9448头（只），自留畜10389头

（只），代放社外牲畜 6372 头（只）。这批牧业社的建立，为牧区牧业合作化提供了经验，起到了带头和示范作用。

牧业社的建立、整顿和提高，逐步显示出了它的优越性。牧业社为开展草原建设、家畜改良、畜疫防治创造了有利条件，有力地促进了畜牧业生产的发展。各地牧业社普遍加强牲畜饲养管理，合理分群，专人放牧，绵羊、山羊定期交配，缩短了产羔时间，提高了幼畜成活率。1957 年，海南州共和县红旗牧业社羔羊成活率比社外牧民提高 20% 左右。牧业社生产和社员收入都得到提高。据 1957 年进行了统一分配的 14 个社的统计，社员收入比上年增加 100% 的有 4 个社，90% 的有 5 个社，80% 以上的有 2 个社，70% 左右的有 3 个社。

这一时期，同全国一样，青海高级农业合作社在全省发展到 2505 个，有 20.67 万农户入社，达到当时农户总数的 88%，基本实现了农业合作化。

在牧区，中共青海省委于 1958 年 2 月提出"继续加强民族团结，积极稳步地完成对畜牧业的社会主义改造"。5 月 7 日，中共青海省委在《关于加速畜牧业社会主义改造的指示》中指出："本着条件成熟的地区积极进行社会主义改造，条件尚不成熟的地区努力创造条件的方针，争取在今年内基本实现畜牧业的合作化。"6 月 2 日，《青海日报》发表中共青海省委《电贺海南全州基本实现合作化》一文指出，对尚未实现合作化的地区，应该实行"凡是条件成熟的地区，必须大胆放手地开展合作化运动；凡是条件不成熟的地区，努力创造条件，争取提早实现合作化"，因而很快在牧区掀起了合作化的高潮。截至 1958 年 5 月底，海北州建起牧业社 201 个，公私合营牧场 43 处，入社、场牧户 5168 户，占全州总牧户的 78.31%；海西州建起牧业社 135 个，公私合营牧场 34 处，入社、场牧户 3005 户，占全州总牧户的 72.85%；海南州建起牧业社 678 个，公私合营牧场 113 处，入社、场牧户 10442 户，占全州总牧户的 78.68%。到 1958 年底，海北、海南、黄南、海西 4 个州及玉树、果洛 2 个州的部分地区进一步实现了公社化。

按照青海当时初级牧业社的性质，在管理办法上主要体现形式要低、政策要宽的精神，实行公私兼顾的原则，使牧业社的整体利益和社员的个人利益正确结合起来。牧民基本采取将牲畜、产值等折价计股的方式入社。

在劳动组织上,大体有三种:规模大点的社,按劳动力分工分业,如固定畜牧业、农业、副业小组;规模小点的社,只固定放牧小组,其他劳动力按农活忙闲,统一调配;规模更小的社,只固定放牧员。

在劳动计酬上,实行评工计分,有六种方式:第一种是死分活评,每个社员按劳动态度、劳动力强弱,分等确定计分;第二种是按劳动力强弱,分等计分;第三种是搞副业,按交钱多少计分;第四种是按件计分,如剪羊毛、割草、收割农作物、修棚打圈、兴修水利;第五种是常年包工包产,牲畜按头(只)定分,畜产品按定额计分;第六种是记日工,即每出一天工,统一计多少分。

对社员自留的牲畜,一般按10%的比例自留,牲畜多的户可留骑乘用马2匹,劳动用和乳用牛3头,其余以羊用作自留牲畜;牲畜少的户自留畜就少,没有牲畜的户也就没有自留畜。

各地建立的公私合营牧场,主要吸纳牧主参加。当地政府只派干部,一般不投资或少投资。私方投资以牲畜为主,除自留畜外,入场牲畜分类按头(只)折价(不高于当时市价)计股。同时,制定相应的管理制度。放牧草场由当地政府统一安排使用。

公私合营牧场的收益分配办法:在总收入中扣除生产管理费(包括牧工工资)、当年基建费和公积金、公益金后,剩余部分全部按股分红。如海北州门源县苏吉滩乡公私合营牧场,5户牧主入场牲畜折合208.3股(每股1000元),公方投资10000元,折10股,占总股数的4.6%。1956年4月,公私合营后,生产发展,收入增加。到1956年底,8个月总收入24843元,扣除各项费用后,纯收入19500元。年终分配,每股分红93.6元。5户牧主都增加了收入,最多的1户增加了116.90%,最少的1户增加了3.67%。这种分配方式调动了农牧民入社的积极性,也促进了牧区农牧业经济的发展。

2. 牧区人民公社的建立

1958年9月,中共青海省委发布《关于在牧区建立人民公社的决定》。该决定指出,人民公社牲畜的处理"总的原则是归公社所有"。具体做法是由牧业社并入公社的牧民的牲畜，将入社时的折价款进行登记；由公私合营牧场并入公社的牧主的牲畜，将入公私合营牧场时的股金加以登记；个体牧民加入公社的牲畜，折价或按牲畜数量划归公社，将价款或头（只）数进行登记。

与全国一样，青海在人民公社建立初期，一般规模都较大，有些一乡一社，少数小乡为数乡一社，个别的一县一社，人民公社作为政社合一的组织，成立后即取代了区、乡的政权建制，形成"社-队"管理模式，且"自上而下"地组建了人民公社。由于人民公社未能充分体现按劳分配、多劳多得的原则，不利于农牧区经济发展，中共青海省委于1961年初开始实行政社分开，恢复区、乡政权建制，在牧区，允许原有的小部落成立公社，大部落设立几个公社，也有的把原来的生产大队升级设为公社，公社作为生产管理组织，只负责社、队的生产和经营管理。

3. 牧区公社生产责任制

自1963年起，青海农牧区公社普遍实行"两定一奖""三定一奖"生产责任制，即定产、定工到户，或定产、定费用、定工到户，超产奖励，减产赔偿，这在一定程度上促进了农牧区经济的发展。

1983年，随着中共中央《当前农村经济政策的若干问题》的发布，包干到户责任制在青海农牧区迅速展开，牧区全面推行了"草地公有，保本经营"的生产责任制，畜牧业生产经营方式首先在生产小队以承包经营为主要形式开始实施。到1985年，这种承包经营方式经过改革和调整，逐步得到完善，农牧民专业合作经济组织也在青海各地开始建设。最初，基本上是以原有的生产队为基础，建立了农业社、牧业社，后又建成集行政管理和经济管理于一体的农牧民委员会，使青海农牧区家庭经营基础上的双层经营体制初步形成。

4. 牧业协会

自党的十一届三中全会以来，随着生产力的解放，青海农牧区的经济迅速发展，但由于市场经济不发达，农牧业经济经营分散，规模小，优势资源利用不充分，各种先进技术在牧区难以推广，为此，青海牧区进行了以牧业协会为载体的农牧民专业合作经济组织建设探索。

青海牧业协会缘起于1988年，由时任国务委员兼国家科委主任宋健在参观青海牧区居民定居点和牧草实验推广点时提出，将牧区发展、牧民生活水平的提高与科技相结合，建议在环青海湖地区组建牧业协会。1989年11月，国家科委委派青海考察团赴德国和英国学习国外的协会组织形式、管理体制等经验。考察团回国后，在中央支持下开始牧业协会的组建。

1989年2月，在国家科委的引导下，组建牧业协会的工作开始逐步实施。组建牧业协会采取"自上而下"的方式，由青海省政府相关部门组织，仅仅两个月的时间，环青海湖地区5乡的牧业协会就全部成立。这是在家庭联产承包责任制实施后，结合牧区实际，借鉴国外经验，在理论准备不足、制度建设不充分的条件下，首次组织的农牧民专业合作经济组织形式，具有明显的创新性，为青海乃至我国在牧区农牧民专业合作经济组织的建设和实施开展了有益的实践探索。

牧业协会由农牧民群众、科技工作者、管理干部等组成，在自愿入会并且不改变草场和牲畜所有权及其经营管理权的基础上，组织农牧民通过建立技术经济实体，实现农牧业的自我经营和自我发展。

牧业协会具有法人地位，实施较为严格的组织条例和管理制度，得到国家财政的支持和税收等优惠。牧业协会在经营中探索了产销一体化运营方式，较好地解决了农业个体经营和专业化、社会化生产的矛盾。

牧业协会利用其特有的生产经营方式，充分发挥了一系列经济功能。在组建牧业协会之前，由于一些企业采用单渠道经营的方式，容易造成产品的积压和滞销。牧业协会将积压的产品以高于国家价格收购，另辟销路，大大增加了牧民的收入，充分发挥了促进商品流通的功能。另外，牧业协会通过相关培训，种植了大面积的人工草地，增加了牧区的产草量，进而增加了牲畜的数量，同时，学习畜种改良技术，提高了畜种质量，农牧区科技服务功能得到了充分体现。

牧业协会服务面广、经营内容覆盖多领域，既拓宽了服务领域，又增加了收入渠道，在一定程度上改善了农牧区的经济生活环境。因此，牧业协会在成立的短短几年内，就通过自身的技术服务和兴办生产经营实体的方式，增加了牧区居民的收入，同时在推动畜牧业生产方面起到了很大的作用。

虽然牧业协会在发展过程中取得的成就令人欣喜，但其存在的问题却不容忽视。在初始建立时期，由于受外部条件和内部条件等一系列条件的制约，牧业协会的发展存在着诸多问题。第一，产权不清晰。它与经济社会的发展并不完全适应，在20世纪八九十年代，对于经济发展相对落后的农牧民而言，这种合作式经济的社会性质还没有被确定，它既不是集体经济也不是私有经济，农牧民和社会认可度均较低。第二，经营管理问题。牧业协会的建立尚处在起步阶段，所有权与经营权没有实现分离。第三，制度建设问题。由于制度不健全，缺乏合作经验，存在诸多管理方法不善和指导方向偏差的问题。第四，分配机制问题。牧业协会在利益分配上并未实施相应的激励机制，导致会员贡献与分红联系并不紧密，在一定程度上打击了会员参与的积极性。另外，由于合作动因不清晰，管理者与入社成员没有形成合作机制。

经过几年时间的发展，牧业协会不断总结经验和实践探索，取得了一定的经济效益和社会效益。实践证明，牧业协会的合作化方式是符合青海农牧区实际的，虽然存在不少问题，但从长远角度来看，这种从实际出发，由政府组织的农牧民专业合作经济组织方式，引导了农牧民的合作思想，有助于农牧业经济规模化、产业化、合作化发展。这些探索，为后期农牧民专业合作经济组织的建设在组织制度、运营思想和合作模式等方面奠定了基础。

2004年10月，随着青海《关于加强农村牧区专业经济协会登记管理和培育发展工作的指导意见》出台，青海农牧民专业合作经济组织的发展开始步入正轨，在这一基础上，从2008年开始，青海在牧区进行了生态畜牧业试点及后期生态畜牧业专业合作组织的建设。

二、当前青海农牧民专业合作经济组织发展环境

(一)政策环境

农牧民专业合作经济组织的发展离不开相关政策的推动和引导(表4-1)。而农业经济政策的日趋完善,为包括青海在内的农民专业合作经济组织发展奠定了重要的环境基础。我国农业经济从新中国成立后经过社会主义改造建立农村集体经济,到党的十一届三中全会开始实施家庭联产承包责任制这一重大历史改革发展阶段,历经了28年的探索和积累发展时期;此后又经过28年的积极发展,我国于2006年将延续了2600年的"皇粮国粮"农业税彻底取消,保证了我国农业经济的稳定发展,稳固了农民专业合作经济组织的发展基础;2017年,党的十九大报告中提出我国开始实施乡村振兴战略。这些政策的实施,使我国农业从经营权的归属到经营者积极性的提升,再到农村整体经济的融合式发展,不仅在政策层面为我国农业经济发展提供了制度保障,也使农民专业合作经济组织的发展有了积极的政策环境保障。

表4-1 1950—2018年我国主要农业政策演变历程

主要阶段	时间	政策文件	主要政策内容	作用及效果
集体化时期	1950年	《中华人民共和国土地改革法》	目的:废除封建剥削阶级土地所有制,实行农民土地所有制。主要内容:没收地主多余土地,征收富农超过其自耕和雇人耕种的出租的土地,征收社会团体在农村中的土地及其他公地	调动了农民生产劳动的积极性,保证了农民有地可耕,保障了新中国农业经济发展基础
家庭联产承包责任制时期	1977—1978年	安徽省《关于当前农村经济政策几个问题的规定》	目的:探索与完善农业生产责任制。主要内容:将权力分发给生产队,实行生产责任制;允许并鼓励社员经营少量的自留地和正当的家庭副业;包产到户;提高农产品生产质量	调动农民生产积极性,解决农民温饱问题,农村经济体制改革开始
	1979年	《中共中央关于加快农业发展若干问题的决定》	目的:改变农业落后状况,加快农业发展,实现农业现代化。主要内容:加大对农业的财政支出力度;制定帮扶企业的政策,提高粮食价格;加强政府对农业的监管	总结了新中国成立以来的社会主义集体农业发展经验教训,提出农业现代化建设方向

续表

主要阶段	时间	政策文件	主要政策内容	作用及效果
税费改革时期	1993年	《中共中央、国务院关于切实减轻农民负担的紧急通知》	目的：保障农业增产、农民增收、农村稳定。主要内容：停止征收加重农民负担的相关税费，乡村提留和统筹费严控在上年农民人均纯收入的5%以内	停止和清理农村乱收费、乱集资、乱罚款，为出台农业税费改革政策奠定基础，但"三乱"现象仍禁而不止
	2003年	《中共中央、国务院关于进行农村税费改革试点工作的通知》	目的：探索建立规范的农村税费制度；实行减征或免征农业税的惠农政策。主要内容：取消乡统筹费、专门面向农民征收的行政事业性收费和政府性基金、集资，取消乡村统筹费、义务劳动、屠宰费，调整农业税费	减轻了农民的负担，提高农民生产效率，调动农民生产积极性。2006年农业税费彻底废除
乡村振兴阶段	2018年	《中共中央、国务院关于实施乡村振兴战略的意见》《国家乡村振兴战略规划（2018—2022年）》	目的：促进农业升级、农村进步、农民发展。主要内容：总体要求是产业兴旺、生态宜居、乡风文明、治理有效、生活富裕，分三步实施乡村振兴战略，构建现代农业体系	农业生产能力加强，推进美丽乡村建设，乡风文明持续性建设

为探索农业经济发展道路，自新中国成立时起，我国就积极发挥相关政策的推动力，通过土地改革、互助合作、人民公社等一系列集体化运动，将农业农村资源加以整合，对这一时期百废待兴的农业经济的恢复和发展起到了积极的引导作用，但相关政策实施过程中的"一刀切"等措施，在一定程度上影响了农民的生产积极性，包括青海在内，农牧民群众的生活并没有得到很好的改善。改革开放后，家庭联产承包责任制的实施，对调动农民生产积极性发挥了重要作用。之后实施的税费改革则为农业生产者和经营者由分散经营转入规模化发展扫清了障碍。

就青海而言，除了上述相关政策对农牧业经济发展的有力推动、引导外，2000年10月，党的十五届五中全会提出的西部大开发战略，为青海农牧业经济的发展注入了强大动力。2003年，青海出台了《青海省实施西部大开发战略若干政策措施》；2020年，我国围绕"一带一路"倡议提出了《中共中央、国务院关于新时代推进西部大开发形成新格局的指导意见》，青海同年提出了相应的包括农业、农村工作在内的年度工作细化任务目标，积极推进西部大开发战略的各项具体建设任务和实施工作，促进了青海整体经济的不断发展。

当前正在实施的乡村振兴战略中，青海首先从改善乡村人居环境入手，把乡村人居环境整治作为重点任务加以全面推进，使青海农牧民专业合作经济组织成员在农村的基本人居环境得到巨大改善。截至2020年底，青海为推进农牧区环境的全面综合整治，已累计投入近25亿元资金，覆盖到全省农牧区，使4500多个村庄和游牧民定居点得到综合整治。经第三方评估和省级审核验收，2020年底，青海45个县（市、区）全部通过了验收。其中，海南州贵德县农村的环境综合整治模式和经验做法被生态环境部列为农业农村污染治理攻坚战乡村振兴的典范。

在治理乡村环境的同时，按照青海乡村振兴战略规划，青海将在"十四五"时期在全省每个县（市、区）推出一个建设期为3年的乡村振兴试点（见图4-1），以此发挥联结城市和服务乡村的功能，形成能够带动、能促就业、能够服务、能扩消费等乡村核心，这对青海农牧民专业合作经济组织而言，其作用的发挥也必将大有可为。

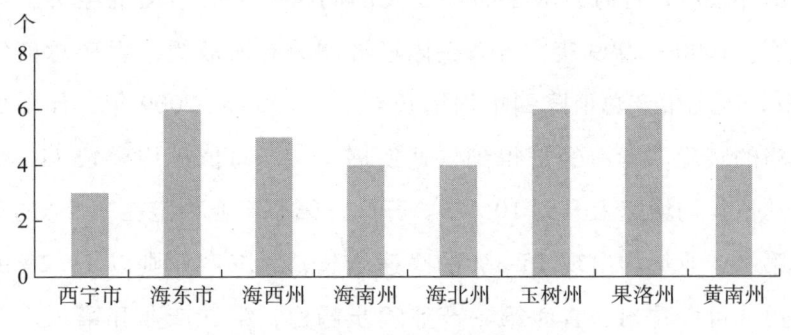

图4-1　青海各地乡村振兴试点数量

资料来源：根据青海农业农村厅相关部门资料整理所得。

目前，青海在实施乡村振兴建设中，围绕产业振兴等项目，以推动农牧业供给侧结构性改革为主线，在农牧业产品生产领域，由追求数量向突出质量转变，针对种植、养殖等产业经营领域的规范化不足、精深加工不够、物流配送及冷链设施不齐备等主要问题，通过标准化发展、品牌化推进等方式，进一步强化农牧业品牌建设、产品深加工及市场竞争等能力。截至2020年底，青海的农牧民专业合作社注册登记量已累计达到19353家，而且已经培育的国家级农业龙头企业有22家，省市级以上农牧产业化龙头公司154家，以龙头企业为主组建的农业产业化联盟企业有40多家。这对乡村振兴、农牧民专业合作经济组织的发展起到了积极的推动作用。

（二）经济环境

青海具有"面积大省、人口小省，资源大省、经济小省"的典型特征。自改革开放以来，历经西部大开发、"一带一路"等建设，青海经济得到快速发展。具体来看，在改革开放的前30年，青海经济进入快速增长阶段，全省生产总值由1978年的15.54亿元增加到2009年的1081.27亿元，首次突破千亿元大关。

1978—2009年，青海生产总值年均增长了8.7%，人均生产总值也以年均7.9%的速度得到增长。其间，青海的经济发展经历了一定的波动，产业结构出现大的调整。

改革开放后，青海经济在加快发展的同时，经济结构也经历了逐步调整的过程。1990—1999年，青海整体经济增速有所放缓，生产总值年均增长7.6%，人均生产总值降到年均增长6.1%。2000—2009年，伴随西部大开发战略的实施，青海经济得到快速发展，生产总值年均增长11.9%，人均生产总值年均增速上升到10.9%。其间，第一产业稳定在3.5%的年均增速，而第二产业年均出现15.1%的高速增长，第三产业则以11.2%的速度增长。由此可以看出，青海第一产业逐步趋稳，第二产业和第三产业快速增加，这为青海农牧民专业合作经济组织的产业化发展提供了保障，特别是2000年后农业经济的趋稳和服务业的提升，为其可持续发展奠定了基础。

2000年后，青海第三产业增加值稳步上升，占比由1978年的26.8%提高到 2017 年的 46.6%，年均提高 0.5 个百分点，继而在 2017 年第三产业增加值赶超第二产业增加值，2017 年前一直是第二产业增加值高于其他两个产业。农业经济发展则一直较为平稳，其增加值在 2013 年突破 200.00 亿元，2019 年突破 300.00 亿元，在 2016—2020 年分别达到 221.19 亿元、238.41 亿元、268.10 亿元、301.90 亿元、334.30 亿元，体现出稳步增长态势（见图 4-2）。

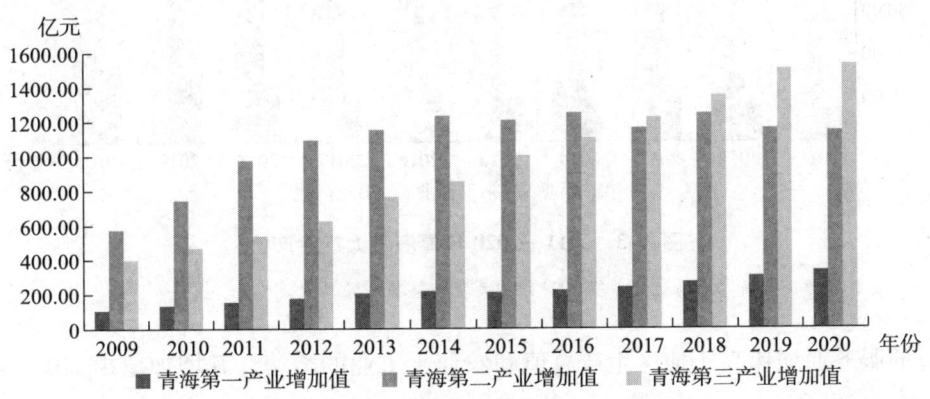

图 4-2　2009—2020 年青海产业增加值

资料来源：根据《青海统计年鉴》2012—2021 年相关资料整理所得。

2010 年后，青海经济发展转入提质增效时期，在保持经济发展的同时，整体经济产业结构进一步得到优化。

从图 4-3 可以看出，2011—2020 年，青海生产总值不断增加，由 2011 年的 1634.72 亿元增加到 2013 年的 2101.05 亿元，实现了由 1000 亿元到 2000 亿元的突破；到了 2020 年，青海生产总值突破了 3000 亿元，达到 3005.92 亿元。

由此可见，改革开放后，青海经济发展快速，人均生产总值由 1978 年的 476 元，增加到 2009 年的 19454 元，到 2020 年更是达到 50777 元。而青海生产总值由 1978 年的十几亿元增加到千亿元用了 31 年时间，其生产总值由 1000 亿元发展到 2000 亿元用了 4 年时间，并用 7 年时间使青海生产总值由 2000 亿元发展到了 3000 亿元。在产业结构方面，第一、第二、第三产业的增加值更是整体呈现出上升趋势。三次产业结构也由"二三一"转变为"三二一"，即第三产业对经济增长的贡献越来越大，特别是在 2011—2020 年，青

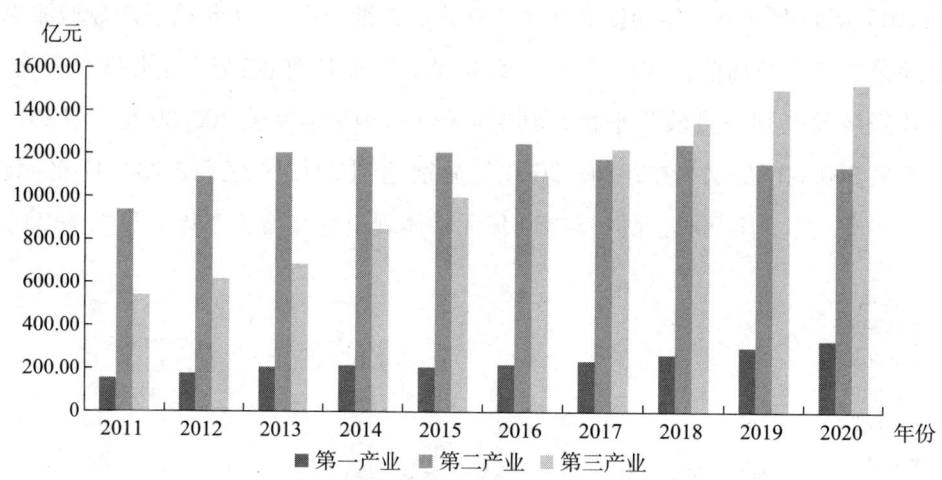

图 4-3　2011—2020 年青海三大产业产值

资料来源：根据《青海统计年鉴 2021》相关资料整理所得。

海的服务业增速高于地区生产总值和农业、工业的增速，其增加值由 2011 年的 540.18 亿元增加到了 2020 年的 1528.07 亿元，年均增长率达到 10%。这一趋势，不仅符合我国经济转型和经济结构调整的战略要求，也符合青海经济全面发展的需要。这些变化，一方面为青海农牧民专业合作经济组织的进一步发展提供了保障；另一方面提出了新的目标和要求，需要在其发展中不断调整和适应经济发展及产业结构变化的新形势，才能更好地与农业市场衔接，积极提高农牧民收入，提升农牧民专业合作经济组织的发展能力。

尽管青海经济发展快速，但与全国相比仍具有很大的差异性，包括青海各地区之间的发展差异也比较大。

在全国经济快速发展的大环境下，青海经济得到较快发展，但与全国经济发展相比还是有较大差距，特别是经济总量整体较低。我国国内生产总值由 2011 年的 471564.0 亿元发展到 2020 年的 1015986.2 亿元，增长了 1 倍多；而青海生产总值由 2011 年的 1634.72 亿元发展到 2020 年的 3005.92 亿元，增长了 80%多。青海 2011—2020 年平均生产总值只占全国生产总值的 0.3%。从人均生产总值的角度来看，2011—2020 年青海人均生产总值只有全国人均生产总值的 72.68%，不及全国人均生产总值增长的平均水平（见图 4-4）。

同时，我们必须看到，尽管发展到 2020 年，青海的生产总值已经突破 3000 亿元，全省的居民人均可支配收入达到了 24037.0 元，但与全国平均水平 32188.8 元相比，仍有 8151.8 元的差距，甚至收入的绝对差比"十二五"时期的 2015 年还增加了 1300.0 元。虽然 2020 年，青海的脱贫人口占到了全省的 72.19%，但仍存在部分易返贫致贫人口。在青海这一大的经济发展背景下，包括农牧民专业合作经济组织在内的各类经济主体的发展具有较大的滞后性。

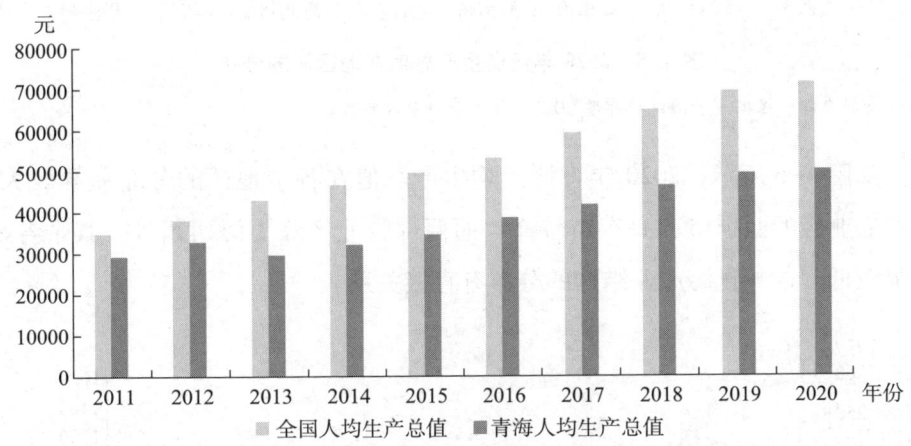

图 4-4　2011—2020 年全国与青海人均生产总值

资料来源：根据我国及青海相关统计年鉴整理所得。

青海总面积为 72 万多平方千米，主要行政区划，除了有西宁市和海东市 2 个地级市外，还有海西蒙古族藏族自治州（以下简称"海西州"）、海南藏族自治州（以下简称"海南州"）、海北藏族自治州（以下简称"海北州"）、黄南藏族自治州（以下简称"黄南州"）、玉树藏族自治州（以下简称"玉树州"）、果洛藏族自治州（以下简称"果洛州"）6 个自治州，这些地区经济发展存在一定的不均衡性。

如图 4-5 所示，2020 年青海生产总值主要集中在西宁市、海西州、海东市，三地生产总值总量占到青海生产总值的 83%，可见，青海经济发展在地区间存在较大的不均衡性，特别是玉树州、果洛州，这种差异更大。

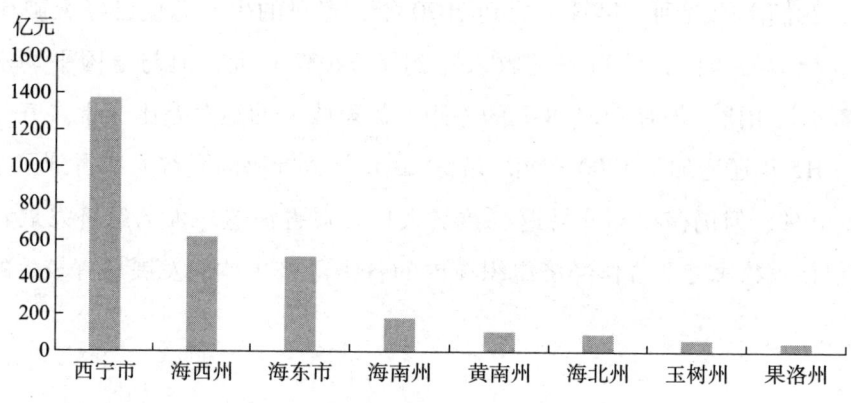

图 4-5　2020 年青海生产总值在地区间的分布

资料来源：根据《青海统计年鉴 2021》相关资料整理所得。

如图 4-6 所示，2020 年青海人均生产总值在各个地区的分布差异较大，东部农业区的西宁市和海东市较高，而西部牧业区除了海西州外，其余各州明显较低，这与青海产业结构的分布有直接关系。

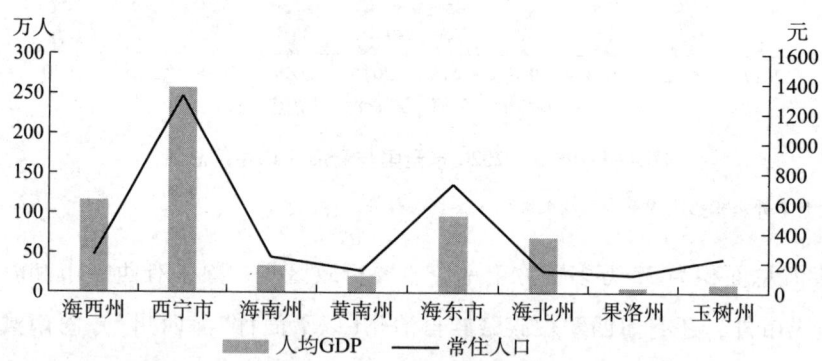

图 4-6　2020 年青海各地区常住人口与人均生产总值

资料来源：根据《青海统计年鉴 2021》相关资料整理所得。

在青海，农牧业经济发展在三大产业中的比值一直较低。近年来，伴随供给侧结构性改革，产业结构调整逐步趋于合理，青海农牧业经济虽然在三大产业中占比较低，但其发展较为稳定。

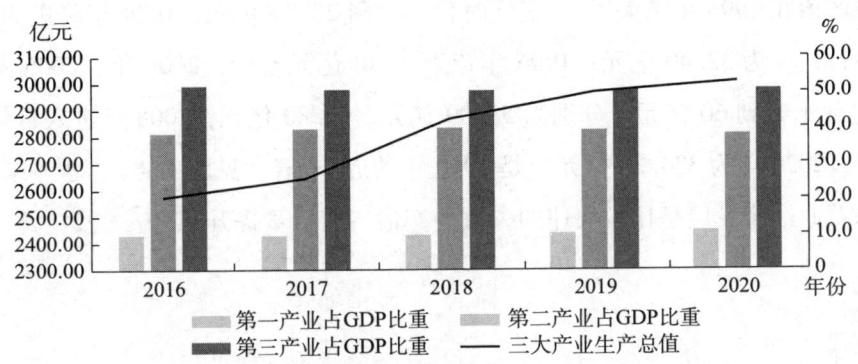

图 4-7　2016—2020 年青海三大产业生产总值及占 GDP 比重

资料来源：根据《青海统计年鉴 2021》相关资料整理所得。

2016—2020 年，青海第一产业生产总值在 2016 年为 221.19 亿元，占青海生产总值的比重由 2016 年的 9.8%增加到 2020 年的 11.1%，达到 334.30 亿元；第二产业略有回落，占青海生产总值的比重由 2016 年的 38.4%降到 2020 年的 38.1%，其间，在 2018 年最高达到 39.8%，但其生产总值则由 2016 年的 867.68 亿元，增加到 2020 年的 1143.55 亿元；第三产业在 2016 年达到峰值，为 51.8%，之后由 2017 年的 50.7%到 2020 年的 50.8%，波动不大，而生产总值由 2016 年的 1169.32 亿元增加到 2020 年的 1528.07 亿元，增长 30.7%（见图 4-7）。

由此可见，作为基础性产业，青海农业经济伴随改革开放、西部大开发、乡村振兴战略等各个阶段的建设和发展，对整体经济发展做出了积极贡献，保障了其他产业的稳定发展。同时，农村也是青海就业人口最多的领域。2020 年，青海乡村从业人员 213 万人，占乡村劳动力资源数的 83.6%，虽然青海就业容量比较大的工业和建筑业占青海生产总值的 38.1%，且工业从业人数有 13.6 万人，建筑业从业人数有 26.6 万人，但农林牧渔业从业人数达 115.9 万人，可见青海就业主要集中在第一产业。基于良好的发展环境，近年来，青海农业产值逐步提升。

青海农业经济发展历经改革开放、西部大开发、"一带一路"建设、乡村振兴战略的实施，由弱到强，体现出稳定发展的态势。这一时期，青海的农业总产值在1993年结束了10亿元时代，达到22.21亿元；1994年跨进30亿元的行列，为32.40亿元；1996年迈上了40亿元台阶；2004年、2005年由50亿元上升到60亿元，分别为58.09亿元、62.80亿元；2008年进入百亿元阶段；2020年为334.30亿元，是1990年的近19倍（见图4-8）。总体来看，青海农业经济发展是比较快速的，农业产值一直稳步提升。

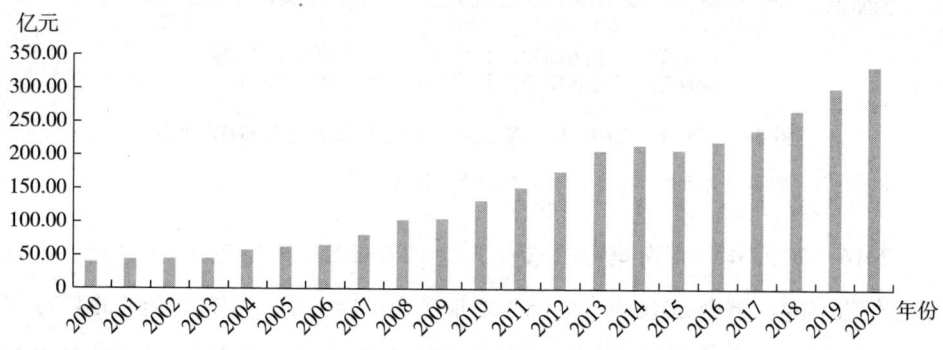

图4-8　2000—2020年青海农业总产值

资料来源：根据《青海统计年鉴2021》相关资料整理所得。

青海农业经济的这一发展，在巩固其经济基础地位的同时，也使包括农牧民专业合作经济组织在内的农牧业经济主体向组织化、规模化、专业化方向迈进。

青海农牧民专业合作经济组织的建设，之所以能够被带动和发展，除了国家政策支持、整体经济的发展外，还与农牧民逐渐富裕起来、走向市场经济密切相关，也与人均农业产值对农牧民专业合作经济组织的重要保障密切相关。在青海，伴随农业经济的发展，人均农业产值也在逐步提高。

2000—2020年，青海人均农业产值逐步提升，由2000年的482元增加到2020年的3102元，增长5倍多（见图4-9）。此外，青海的农村居民人均可支配收入从2012年开始年均增长率达10.4%，不仅超过城镇居民人均可支配收入年均8.6%的增长速度，而且高于全国平均水平，保障了青海以农牧民为主建立的农业专业合作经济组织的发展。

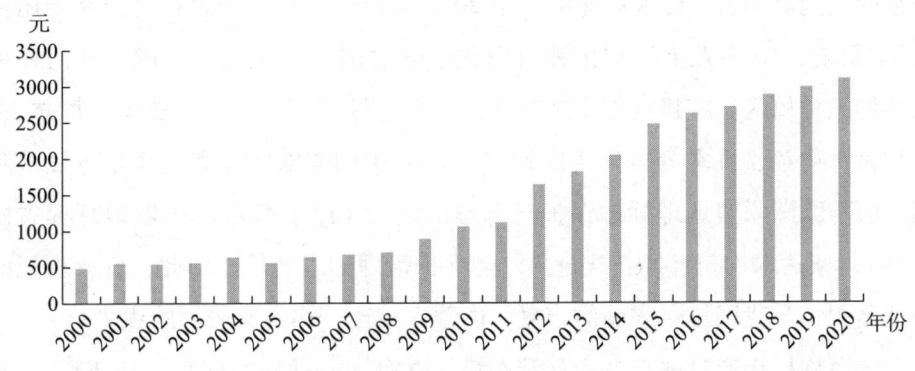

图 4-9　2000—2020 年青海人均农业产值

资料来源：根据《青海统计年鉴 2021》相关资料整理所得。

青海地处青藏高原，属高原大陆性气候，高寒干旱，冬冷夏凉，与同纬度的其他地区相比，年均气温低 8~12 摄氏度，日温差较大，年温差较小，且紫外线强、日照丰富。这种特殊的气候条件使青海具有独特的农作物生长环境，为其特色农产品的生产奠定了基础。目前，在青海大量种植的蚕豆与油菜、青稞、马铃薯、饲草等进行轮作，有效减少了化肥的使用量，使青海的蚕豆有机性很高，在国内外具有较高的市场价值，一直是青海出口的主要农产品之一，远销欧美及日本等国家和地区，青海也因此成为中国大粒蚕豆重要的出口基地。"互助蚕豆""湟中蚕豆""大通蚕豆"被农业农村部批准实施农产品地理标志登记保护。中国排名前十的优质蚕豆产地中，青海就占了 3 个。

此外，青海枸杞也具有鲜明的特色。依据特有的自然环境，青海所产枸杞不仅个头比较大，而且其有机物质中的黄酮、多糖、氨基酸等含量均高于国内其他地区。在青海，枸杞的主产区主要集中在地处海西州的柴达木地区。由于特殊的地理环境和生态优势，柴达木地区也是我国特色农产品优势区、国家级出口枸杞质量安全示范区。同时，由于品质优良，柴达木枸杞的种植面积、产业优势等已经使其形成规模化发展趋势。2000 年，青海开始在其优势产区柴达木建设枸杞、沙棘等经济林；2010 年，柴达木开始进行枸杞的大规模种植。在此基础上，经过政府相关部门及产区内 642 户企业和 606 户合作社的共同努力,"柴达木枸杞"于2016年获得国家"地理标志产品专用标志"。目前,10多万亩的枸杞种植面积已通过国家有机认证,成为国内外最大的枸杞种植区和有机枸杞生产基地,产品远销德国、法国、美国、加拿大、比利时、荷兰、日本等国。到2020年,随着中国与欧盟签署《中华人民共和国政府与欧洲联盟地理标志保护与合作协定》(以下简称《中欧地理标志协定》),柴达木枸杞已经正式进入欧盟保护地理标志名单。由此,青海枸杞的种植面积,与我国排名靠前的宁夏、内蒙古相比,均具有较大的优势。

青海枸杞年产量一直处于上升态势。青海枸杞种植时间短,在2008年时枸杞年产量只有800多吨,直到2010年才开始规模化种植。虽然在2013年时青海枸杞年产量明显低于宁夏枸杞年产量,甚至连宁夏枸杞一半的年产量都没有,但在2015年时其年产量直接发展到5.80万吨,特别是接下来的几年,青海枸杞年产量与宁夏枸杞年产量基本持平。到2020年时,宁夏枸杞年产量为9.80万吨,青海枸杞年产量为9.21万吨,两省的枸杞年产量已相差不大(见图4-10)。同时,青海枸杞发展快速,这一点在青海枸杞与宁夏枸杞和内蒙古枸杞的种植面积对比中也能得到体现。

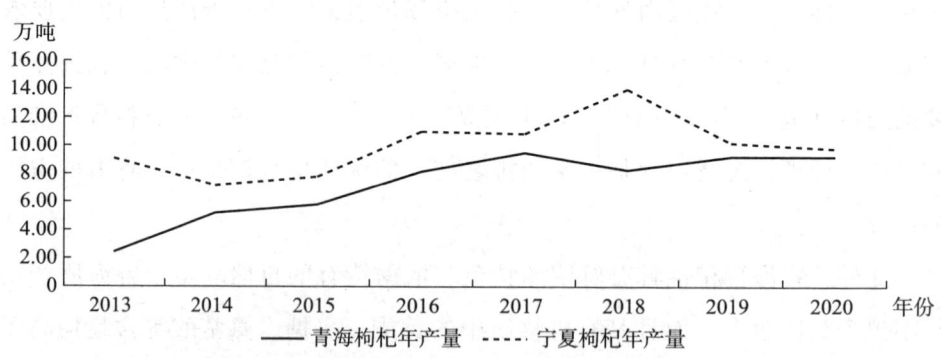

图4-10 2013—2020年青海枸杞与宁夏枸杞年产量

资料来源:根据青海、宁夏相关统计资料整理所得。

青海枸杞与宁夏、内蒙古所产枸杞相比在种植面积方面具有较大优势,且发展较为平稳(见图4-11)。依据这一资源优势,2020年,在青海从事枸杞种植的合作社有280家,绝大多数集中在柴达木地区,仅海西州从事枸杞种植的农户就有 8000 余户。据统计，每年光是采摘枸杞这一项业务，就涉及劳务人员 10 万余人，其劳务收入可达 6 亿多元。

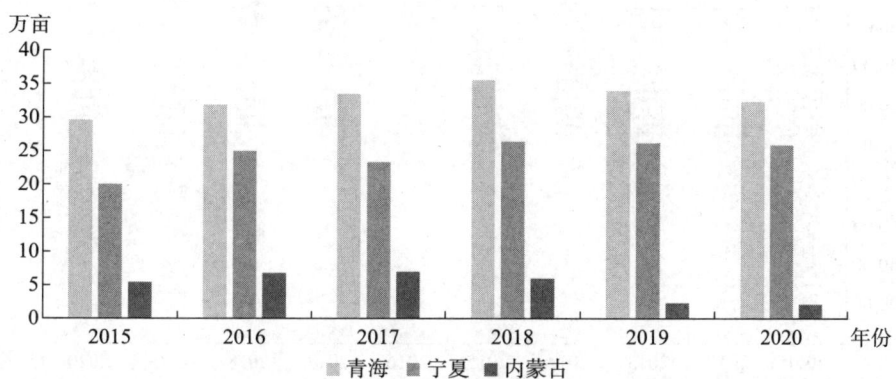

图 4-11　2015—2020 年青海、宁夏、内蒙古三省份枸杞种植面积

资料来源：根据相关省份统计资料整理所得。

除此之外，青海高产作物青稞、马铃薯、小油菜和极具特色的藜麦、冬虫夏草、牦牛、藏羊、红皮大蒜、冷水鱼等都具有鲜明的高原性、有机性、绿色性等特征，成为青海农牧民专业合作经济组织重要的生产内容。

依据特有的农产品资源优势，青海创建了柴达木枸杞、玉树牦牛、祁连藏羊、龙羊峡三文鱼和乌兰县茶卡羊等 5 个国家特色农产品优势区，并建立起国家级现代产业园 4 个、省级现代农业产业园 30 个，建成的百亩以上蔬菜标准化基地 270 多个，保证了青海农作物产量的稳步发展。青海在发展农作物产量的同时，也对农业经济结构进行了调整，农林牧渔业的增速逐步趋稳。

2011—2020 年，青海农作物产量稳步发展。2011 年，粮食产量为 103.36 万吨，油料产量为 36.07 万吨，水果产量为 1.35 万吨，肉类产量为 28.84 万吨，水产品产量为 0.33 万吨。发展到 2020 年，粮食、油料、水果、肉类、水产品的产量分别为 107.42 万吨、30.21 万吨、1.45 万吨、37.04 万吨、1.83 万吨，除了油料产量略有下降外，其余都在小幅增长，但增速有所放缓（见图 4-12）。特别是，从 2013 年起，青海农林牧渔业增速开始出现小幅下降，如图 4-13 所示。

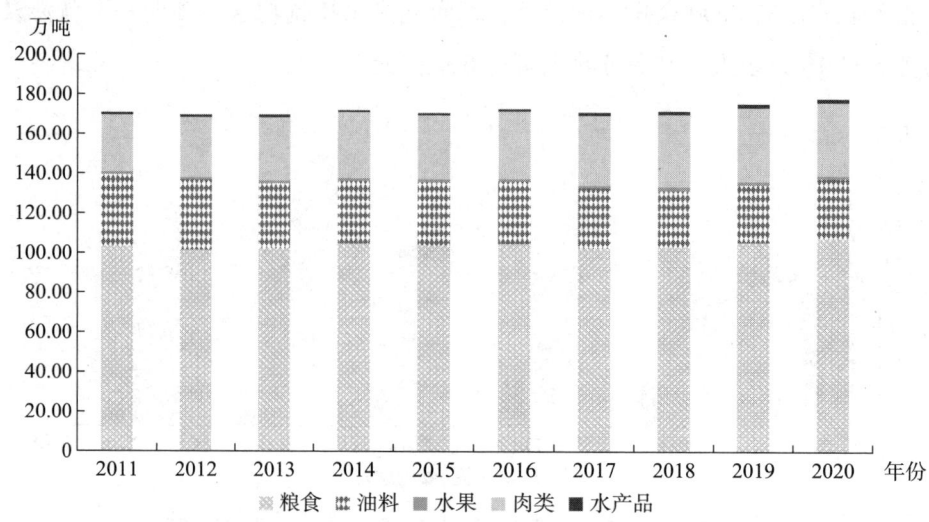

图 4-12　2011—2020 年青海主要农作物产量

资料来源：根据《青海统计年鉴 2021》相关资料整理所得。

从图 4-13 可以看出，2013—2020 年，青海农林牧渔业增速呈现逐渐下降的趋势，从 2013 年的 5.3% 下降到 2020 年的 4.4%，其中，粮食、油料和水果产量增速放缓，而水产品、蔬菜、畜牧业、林草业产量增速较快。由此，青海农牧民专业合作经济组织的发展也在这些领域得到较快增长，2015—2020 年，仅与林木经营有关的合作组织就增加了 970 多家，占 2015—2020 年农牧民合作组织登记量的 1/7。

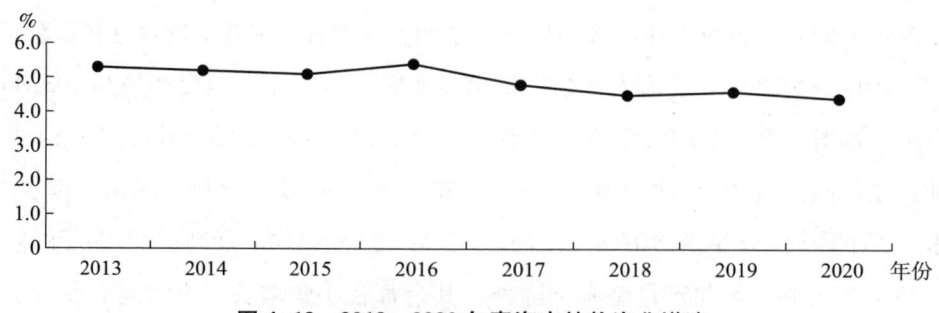

图 4-13　2013—2020 年青海农林牧渔业增速

资料来源：根据《青海统计年鉴 2021》相关资料整理所得。

(三) 多元文化与市场环境

1. 文化环境

文化是一个国家或地区发展的软实力象征。青海历史悠久,在漫长的农牧业经济发展中形成了独具特色的历史文化,人文地理资源十分丰富。青海为多民族省份,2020年,以藏族、回族、土族、撒拉族、蒙古族等为主的少数民族人口占青海总人口的49.5%,达到293万人,由此形成青海多宗教和多元文化特征。其宗教信仰以佛教和伊斯兰教为主。各民族交错杂居,多种文化体系相互交融,多种信仰相互渗透,形成了宝贵的青海特色文化资源。

地域、民族、发展历史的特殊性,使青海文化融合了西域各民族的文化元素,尤以伊斯兰文化和藏文化为盛。其中,独具特色的清真饮食在青海食品市场上占有重要一席。围绕清真食品,从2007年起,青海每年在西宁城南区举办清真食品及用品展览会,推动了国际清真食品产业间的交流与合作(见表4-2)。

表4-2 2007—2016年青海历届清真食品及用品展览会情况

年份	展会面积（平方米）	展位总数（个）	国内外参展企业总数（家）	参与展会人员（万人）	展会成交总金额（亿美元）
2007	18000	328	248	11	1.96
2008	18000	460	357	15	2.13
2009	27000	1080	860	16	3.82
2010	25000	1000	700	15	4.00
2011	27000	1000	720	16	4.50
2012	30000	1000	759	15	4.76
2013	30000	1000	500	20	5.00
2014	30000	1000	960	30	6.10
2015	35000	1200	1118	33	6.50
2016	50000	1600	1134	36	8.55

资料来源:根据青海商务厅统计资料整理所得。

从表4-2可以看出,青海自举办第一届清真食品及用品展览会以来,无论是展会面积还是成交总金额都在增加,特别是国内外参展的企业数量也是稳步上升。"清食展"作为青海省宣传清真产品的重要推广平台，成为青海清真产业对外开放的窗口和招牌。

青海的藏族人口大多分布在海西、海北、海南、黄南、玉树、果洛等地区。藏民族在这些地区有悠久的发展历史，他们崇尚自然，以畜牧业为生，在漫长的发展历史中逐步形成了青海湖文化、河湟文化、格萨尔文化等。作为我国五大牧区之一，青海也是我国最大的有机畜牧业生产基地。青海有96%的地区是草原牧区，可以利用的草原面积达4.74亿亩，其中认定的有机草原面积就有7327万亩，具有"世界牦牛之都""中国藏羊之府"的美誉。青海的藏民族以畜牧业为主，这些牧区盛产牦牛和藏羊。到目前为止，青海是世界上产半野生牦牛最多的地区。因为，全球牦牛的90%以上在中国，而青海牦牛占全国牦牛的37%，特别是玉树的牦牛，占青海牦牛总数的1/5。现在的青海牧区，以合作社为载体，发展生态畜牧业，逐步走上了牧民增收与生态保护的"双赢"道路。例如，到2020年，玉树州建有生态畜牧业合作社206个，覆盖玉树州80%的农村，带动当地牧民年均收入达万元。

此外，为了更好地保护特色文化产业，青海各地有序开展了各类文化遗产保护工作。据青海文化和旅游厅对非物质文化遗产项目的统计，截至2020年，青海已有3300多项非物质文化遗产代表性项目。其中，国家级非物质文化遗产代表性项目已经达到88项，包括青海花儿、热贡艺术、河湟刺绣、青海藏毯、湟中堆绣等传统民间艺术，由此产生了同仁县巾帼民族手工艺品生产专业合作社、湟源秀儿绣刺绣专业合作社、互助县千丝民间刺绣农民专业合作社、大通生栋民间手工艺术品加工专业合作社等。丰富的文化资源，成为青海农牧民专业合作经济组织发展的重要内容。

2. 市场环境

围绕独特的文化和优势资源，目前，青海已有5个地区被确定为中国特色农产品优势区，分别是祁连藏羊中国特色农产品优势区、玉树牦牛中国特色农产品优势区、龙羊峡三文鱼中国特色农产品优势区、柴达木枸杞中国特色农产品优势区、乌兰县乌兰茶卡羊中国特色农产品优势区。而这些特色农产品优势区生产的产品更是成为青海市场上具有优势的特色农产品。

据统计，2020年青海各类市场主体已达50万户，同比增长近12%。这就意味着青海每千人拥有的市场主体可达80多户。青海建有各类市场8个，以批发为主的有5个，以零售为主的有3个，均为成交额在亿元以上的市场，包括综合市场2个和专业市场6个，总摊位数为7522个，营业面积达714356平方米，成交额1007523万元。其中，青海2个综合市场收益占到全部市场的79%，尽管其摊位总数只占32%、营业面积只占39%，但成交额近80亿元（如图4-14）。此外，青海6个专业市场中，有2个农产品市场，包括干鲜果品市场和其他农产品市场各1个。专业市场全部摊位的出租率为66.4%。在5108个总摊位数中，1140个摊位属于农产品市场；在437356平方米的总营业面积中，农产品市场面积为187348平方米，占43.0%；而在专业市场上208741万元的成交额中，农产品市场成交额为29951万元，占专业市场成交总额的14.3%（见图4-15）。可见，青海专业市场虽然摊位数和总面积数的占比都在60%以上，但其中的农产品成交额只占到全部市场的近3%，农产品的市场份额都比较小。而且，青海这些商品市场的集中度都较高，有6个在西宁市，2个在海西州，98%的成交额集中在西宁市，农村中有50平方米以上综合商店或超市的村只占到41%。这对青海农牧民专业合作经济组织特别是地处边远的牧区而言，无论是生产、加工、销售各个环节的组织、管理，还是在成本、信息、物流等费用的支出方面，都会形成更多的交易成本。而且，青海规模以上农副产品加工企业的发展也十分有限（见图4-16）。

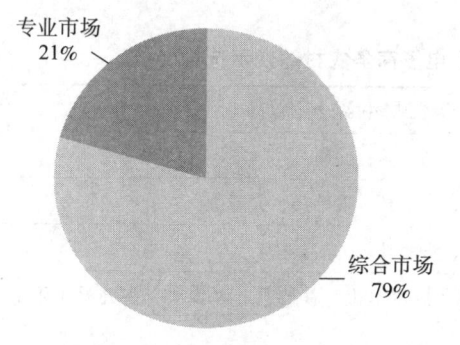

图4-14 2020年青海分类市场成交额占比

资料来源：根据青海统计年鉴相关资料整理所得。

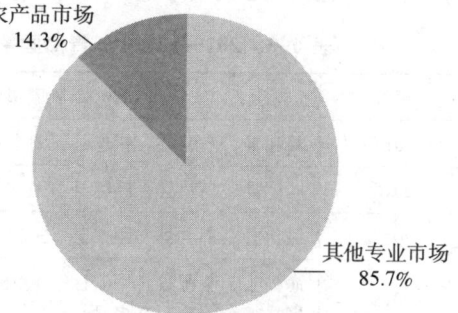

图4-15 2020年青海专业市场中农产品市场成交额占比

资料来源：根据青海统计年鉴相关资料整理所得。

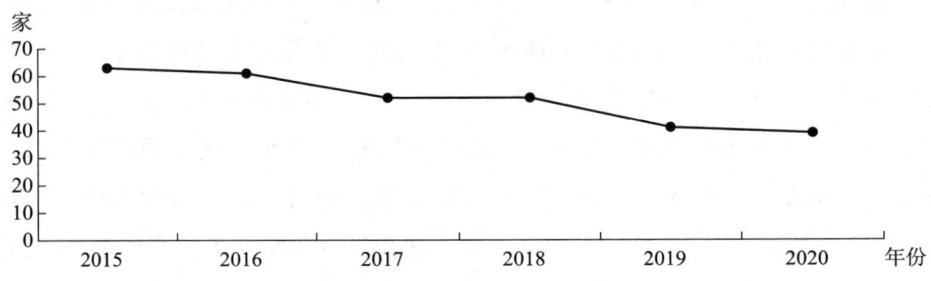

图 4-16　2015—2020 年青海规模以上农副产品加工企业统计

资料来源：根据青海统计年鉴 2016—2021 年相关资料整理所得。

从图 4-16 可以看出，近年来，青海规模以上农副产品加工企业在逐步减少，其主要原因在于农产品市场份额较少，难以发挥规模效应。而电子商务的快速发展也为这一问题的解决打开了另一条途径。

20 世纪 90 年代初，我国电子商务开始发展，而青海电子商务始于 90 年代末。虽然起步较晚，但青海电子商务发展较快。随着青海电信业务的快速增长，青海各行政村的光网覆盖率达到 90% 以上，初步建成以县城为中心，辐射乡、镇、村的三级电商服务体系，这为青海农业经济发展奠定了良好的基础。2015 年，青海在开展农村电子商务建设中，具备一定基础和条件的共和县、互助县、祁连县、湟中县、乌兰县、大通县被列入国家级电子商务农村综合示范县（见表 4-3）。

表 4-3　2015—2020 年青海国家级电子商务农村综合示范县名单

年份	国家级电子商务农村综合示范县
2015	共和县、互助县、祁连县、湟中县、乌兰县、大通县
2016	同仁县、乌兰县、门源县、民和县、玛沁县、贵德县、大通县
2017	循化县、都兰县、刚察县、玉树市、贵南县、久治县
2018	海晏县、湟源县、平安区、兴海县、格尔木市、甘德县、囊谦县、尖扎县、乐都区、德令哈市、杂多县
2019	化隆县、天峻县、大柴旦行委、茫崖市、同德县、称多县、治多县、曲麻莱县、玛多县、班玛县、达日县、泽库县
2020	互助县、大通县、河南县

资料来源：青海省商务厅。

从表4-3可以看出，青海农村电子商务在逐步普及和规范，这将为青海农牧民专业合作经济组织的发展开辟重要途径。有数据显示，在青海4163个行政村中，通信网络的覆盖率已超过了全国平均水平。同时，为了解决电子商务的物流问题，截至2020年，青海已建成32个县级仓储物流中心，全省的冷链物流企业也有138家，冷库总规模达到40万吨，对青海电子商务的发展起到了支撑作用，基本保障了农村电子商务的发展，促进了农产品的网上销售。

随着电子商务活动的逐步开展，中国（海东）跨境电子商务综合试验区和中国（西宁）跨境电子商务综合试验区先后在2019年、2020年设立，但电子商务在青海农牧区的发展还处于起步阶段，具有电子商务配送站点的村只占到了35%，当地特色农产品的电商直播、产品溯源、物流配送等各个环节还不能有效衔接，线上农产品交易活动尚处在探索发展时期。利用线上、线下有机结合的运营模式对青海农牧民专业合作经济组织而言，无论是产品打造，还是专业人才的培养，都面临诸多机遇和挑战。

就目前来看，市场环境中，国外市场对青海农牧民专业合作经济组织的发展，也具有十分重要的影响。

与我国的对外贸易发展历程一样，青海对外贸易的发展也是在改革开放后进入了一个较快的发展时期，特别是在我国加入WTO后，青海农产品出口贸易发展开始逐渐加速（见图4-17）。

由图4-17可以看出，在我国加入WTO前后的近30年间，青海对外进出口贸易呈现逐步增长态势。特别是，2013年"一带一路"倡议的提出，使青海进出口额显著增加。但产业间的进出口贸易发展依其产业规模的不同而有所差异。

青海在2019年和2020年的进出口总额分别为37.2亿元、22.8亿元。由于2020年新冠肺炎疫情的影响，青海三大产业贸易规模出现由高到低的变化。依据青海产业规模不同，其进出口发展差异较大。经济学研究告诉我们，进出口贸易与青海生产总值呈正相关关系。而三大产业增加值在这两年分别为：第一产业2019年增加值为301.90亿元，2020年增加值为334.30亿元；第二产业2019年增加值为1159.75亿元，2020年增加值为1143.55亿元；第三产业2019年增加值为1504.30亿元，2020年增加值为1528.07亿元。三大

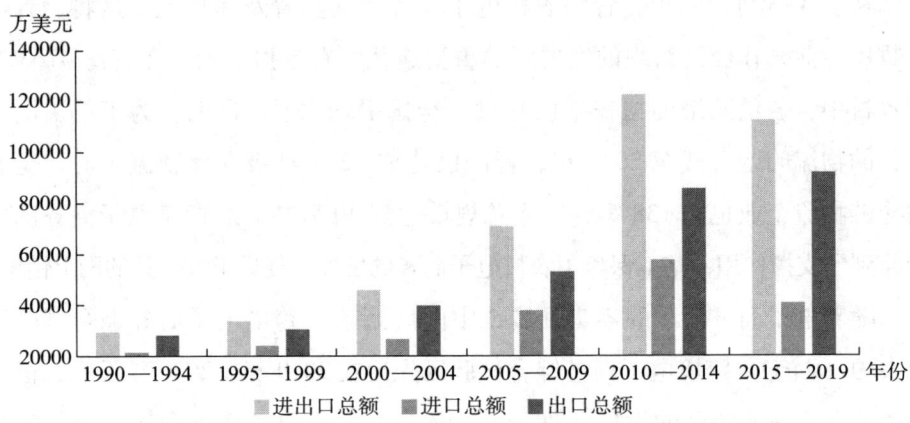

图 4-17　1990—2019 年青海进出口贸易额每 5 年的均值变化

注：因新冠肺炎疫情影响，在计算均值时剔除了 2020 年的贸易数据。
资料来源：根据青海统计年鉴 2020 年相关资料计算整理所得。

产业的进出口占比情况为：第一产业在 2019 年和 2020 年进出口占比分别为 10.3%、11.1%；第二产业 2019 年和 2020 年进出口占比分别为 19.2%、38.1%；第三产业 2019 年和 2020 年进出口占比分别为 50.5%、50.6%（见图 4-18）。因此，2019 年和 2020 年青海三大产业进出口贸易规模与相关产业发展相一致，是在波动中逐步发展。

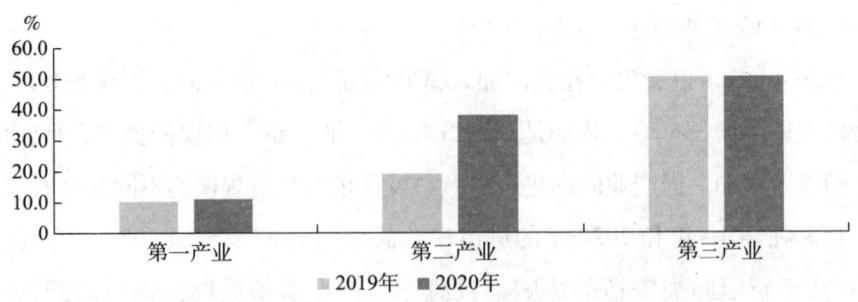

图 4-18　2019—2020 年青海三大产业进出口占比

资料来源：根据《青海统计年鉴 2021》相关资料整理所得。

在农产品贸易方面，青海农产品贸易中进口极少，以出口为主。其出口规模在我国加入 WTO 前后的变化比较大，如图 4-19、图 4-20 所示。

由图 4-19、图 4-20 可以看出，在我国加入 WTO 前的 1996—2000 年，青

第四章　青海农牧民专业合作经济组织建设历程及发展基础

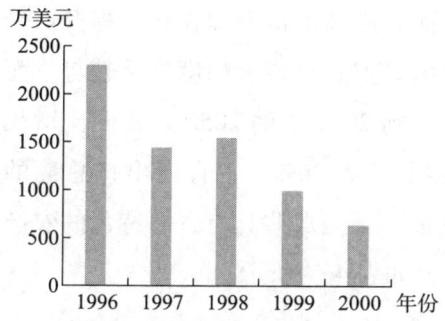

图 4-19　1996—2000 年青海农产品出口额
资料来源：根据青海统计局统计数据整理所得。

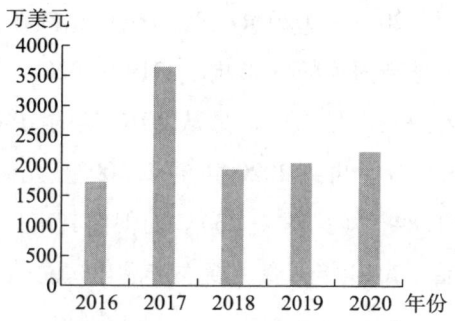

图 4-20　2016—2020 年青海农产品出口额
资料来源：根据青海统计局统计数据整理所得。

海农产品出口一直呈下降趋势。青海农产品出口额从 1996 年的 2303 万美元，下降到 2000 年的 639 万美元。其主要原因是青海出口的农产品比较单一，如出口的农产品中，中药材就占到出口总额的 40%。而由于整体出口规模的逐步缩小，这一期间的中药材出口开始出现大幅下降。

随着我国加入 WTO，青海农产品出口市场得到极大拓宽，农产品出口贸易规模逐步扩大，特别是 2017 年更是达到 3646 万美元的峰值。

在我国加入 WTO 前的 1996—2000 年，青海农产品出口占总出口贸易的比重逐年下降，由 1996 年的 17%，下降到 2000 年的 6%（见图 4-21）。在我国加入 WTO 后，青海农产品出口在总出口贸易中的比重有所提高，特别是近年来，在全国范围内农产品出口贸易高速发展的情况下，青海农产品出口贸易发展取得了较大的进步（见图 4-22）。青海农产品出口贸易总额从 2010 年的 719.8 万美元发展到 2020 年的 15500.0 万美元。

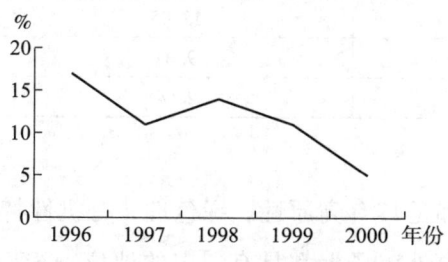

图 4-21　1996—2000 年青海农产品出口占总出口贸易的比重

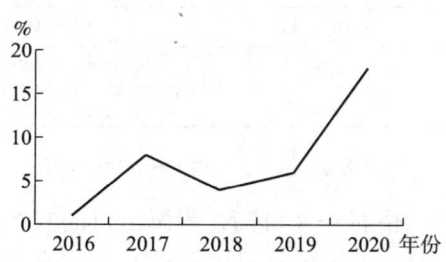

图 4-22　2016—2020 年青海农产品出口占总出口贸易的比重

资料来源：根据青海统计年鉴相关资料计算整理所得。　　资料来源：根据青海统计年鉴相关资料计算整理所得。

2017—2020年，青海出口总额在减少而农产品出口额却在稳步提升。受全球新冠疫情的影响，2019—2020年青海出口贸易呈现大幅度下滑趋势，而青海农产品出口贸易从2018年的1938万元到2019年的2052万元同比增长5.88%，再到2020年的15500万元同比增长655.36%，占青海出口总额的81.84%（见图4-23）。而促使其出口增加的，都是那些具有青海特色的农产品。2020年青海主要农产品出口总值及占比如表4-4所示。

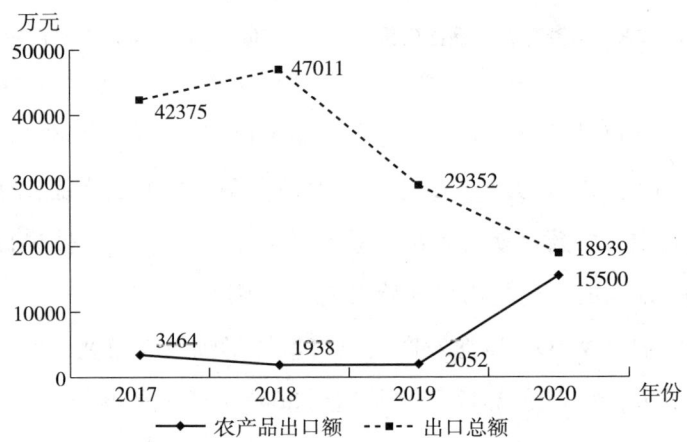

图4-23 2017—2020年青海农产品出口额与出口总额

资料来源：根据西宁海关统计数据整理所得。

表4-4 2020年青海主要农产品出口总值及占比

出口产品	出口总值（万元）	占青海农产品出口总值的比重（%）
冬虫夏草	4729.5	30.51
枸杞	2864.7	18.48
蜂产品	1867.5	12.05
水产品	1400.1	9.03
山羊肉	393.7	2.54

资料来源：根据西宁海关数据整理所得。

由表4-4可知，青海出口的农产品都是具有高原性、绿色性、有机性特征的特色农产品。这些特色农产品在国内外市场上都具有一定的地位。2020年，作为国内冬虫夏草主产区的青海，其冬虫夏草产量占全国总产量的60%以上，凭借这一优势，出口的冬虫夏草达4729.5万元，出口值位居当年全国第一。同样，依据资源优势出口的枸杞，在2020年达到2864.7万元，增长近4%，出口值位居全国第九；蜂产品出口达1867.5万元，增长近90%。作为青海传统出口产品，蜂产品出口在2020年创10年来的新高，对青海农产品出口增长的贡献度达66%，出口值位居全国第十三。

但同时也应看到，青海农产品出口贸易的发展波动较大，仅在2016—2020年，青海农产品出口额在2017年猛增，同比增加了100.3%；而2018年与2017年相比，却出现大幅下降，下降了44.0%；自2019年起，农产品的出口额又缓慢增加，2019年比2018年增加了5.9%，2020年同比增加655.4%。由此可见，青海农产品出口贸易在发展中规模比较小，且不够稳定，波动大，发展能力有待进一步提高。

青海农产品出口贸易发展规模小、波动大，一方面与青海农产品出口贸易发展历史短有关系，另一方面与青海农产品出口贸易的方式、贸易市场等密切相关。

一直以来，包括农产品出口在内的青海出口贸易发展以初级产品为主，一般贸易达90%以上（见表4-5）。这与青海农产品加工企业少、加工能力弱、科技水平低等市场环境影响分不开。虽然青海农产品资源较为丰富，但大部分农产品均不具备出口条件，出口的农产品种类少，2020年出口的农产品除了冬虫夏草和枸杞外，其他产品规模量都比较小。这种局面容易导致包括青海农牧民专业合作经济组织在内的生产组织产出的农产品深加工不足，产业链不发达，规模效应、优势效应不能充分发挥。因此，青海农产品出口产品结构、贸易方式还需进一步优化。

表4-5 1999—2019年我国加入WTO前后青海主要年份一般贸易额和一般贸易出口占比

阶段	年份	一般贸易额（万元）	一般贸易出口占比（%）
加入WTO前	1999	70983	97.00
加入WTO后	2016	898635	83.10
	2017	286263	99.84
	2018	309699	99.92
	2019	200860	99.58

资料来源：中华人民共和国西宁海关。

除此之外，从出口市场的地域分布来看，2000—2010年，青海出口主要集中在日本、韩国、马来西亚等亚洲国家和地区，占比达45%以上，且集中度较高，出口日本的占比一般都在20%以上。随着"一带一路"倡议的实施和农村电商的发展，青海逐渐拓宽了国际市场渠道，产品逐步进入欧洲、美洲乃至非洲市场（见表4-6）。

表4-6 2019—2020年青海出口主要国家和地区及占比一览

序号	2019年			2020年		
	国家和地区	出口额（万美元）	占比（%）	国家和地区	出口额（万美元）	占比（%）
1	南非	3681	12.5	美国	2015	7.1
2	巴基斯坦	2863	9.9	韩国	1429	4.7
3	日本	2787	9.5	日本	1167	3.8
4	韩国	2728	9.3	喀麦隆	1019	3.3
5	美国	2183	7.4	巴基斯坦	726	2.4
6	中国台湾	1243	4.2	中国香港	701	2.3
7	印度	1234	4.2	尼日利亚	666	2.2
8	阿联酋	1133	3.8	越南	569	1.8
9	尼日利亚	1008	3.4	英国	555	1.8
10	泰国	911	3.1	加拿大	527	1.7
11	新西兰	861	2.9	泰国	523	1.7
12	中国香港	833	2.8	意大利	519	1.7
13	越南	782	2.7	法国	519	1.7
14	印度尼西亚	729	2.5	澳大利亚	468	1.5
15	加拿大	578	2.0	荷兰	464	1.5

资料来源：中华人民共和国西宁海关。

从表4-6可以看出，青海出口贸易遍布世界各地，形成多元化的市场结构。2019—2020年，除了与青海有传统贸易的美国、日本、韩国等市场外，巴基斯坦成为青海的主要贸易伙伴之一，并开拓了像喀麦隆、尼日利亚等非洲国家的市场，出口地区分布较为广泛。但农产品出口量较大的市场仍然集中在美国、日本、韩国等少数国家。以2020年为例，青海主要农产品出口国家和地区如表4-7所示。

第四章　青海农牧民专业合作经济组织建设历程及发展基础

表 4-7　2020 年青海主要农产品出口国家和地区

种类	占比（%）	出口国家和地区
冬虫夏草	30.51	欧美、日本、东南亚地区、中国香港、中国澳门、中国台湾
枸杞	18.48	欧盟、美国、澳大利亚
蜂产品	12.05	日本、加拿大、比利时、中国香港
水产品	9.03	俄罗斯、韩国、欧盟、印度尼西亚、越南
山羊肉	2.54	俄罗斯

资料来源：根据西宁海关资料整理所得。

从表 4-7 可以看出，青海农产品出口绝大部分集中在传统市场。这些市场以青海冬虫夏草、枸杞等产品为主。出口到欧洲地区的产品主要是枸杞。出口到中国香港、中国澳门、中国台湾、韩国等地区和国家的主要是冬虫夏草等。在青海传统市场上，蚕豆曾经出口量较大，主要出口到日本、意大利等国家，主要由青海新力进出口公司、青海源兴工贸有限公司等小型私营企业经营，但近年来这些公司出口贸易急剧减少。综合来看，青海农产品出口市场主要集中在日本、美国、韩国、欧盟等国家和地区，其次是在东盟、中国香港、中国澳门、中国台湾等地区。从未来发展来看，青海农产品出口贸易企业主要是在亚洲地区有市场，其次是在美洲和欧洲地区有市场。

可见，青海农产品出口国家和地区数量不多，份额不大，市场集中度较高。以枸杞为例，近年来，青海枸杞种植规模逐步扩大，枸杞产量逐年提高，出口数量逐年增加，尽管受到新冠肺炎疫情影响，整体出口市场出现萎缩，但 2020 年，青海的枸杞出口数量同比增长 5.6%，出口金额同比增长 2.8%，而出口地也集中在德国、法国、中国台湾（见图 4-24）。

从图 4-24 可以看出，青海枸杞出口国家有德国、法国、比利时、美国、加拿大等。2020 年，青海枸杞出口数量最多的国家为德国，占全省枸杞出口总量的 26.7%，位居第一，排名前三的国家和地区贸易量占枸杞总出口量的 66.9%。

较为集中的市场对农产品市场风险的把控、规模的提升等都会形成诸多影响。因此，包括青海农牧民专业合作经济组织在内的出口主体，还需注意研究出口市场需求，完善市场体系，积极发挥特色优势，拓宽国际市场。

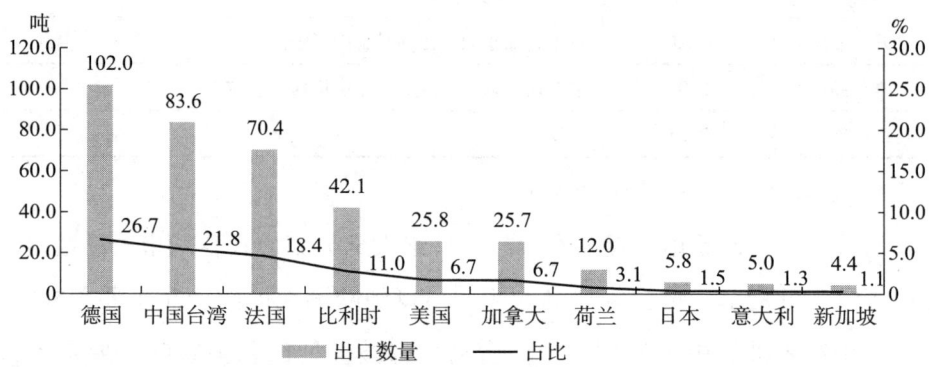

图 4-24　2020 年青海枸杞出口数量、占比及主要出口国家和地区

资料来源：根据 2020 年中国海关相关统计数据整理所得。

三、青海农牧民专业合作经济组织发展基础和条件特征

（一）地广人稀，自然资源丰富，生态地位重要

青海地广人稀，占地面积达 72.23 万平方公里。青海省国民经济和社会发展统计公报显示，2020 年，青海全省人口达 592.8 万，占全国人口的 0.42%，有藏族、回族、蒙古族、撒拉族等 50 多个少数民族，民族自治区域面积占 98%，是一个多民族、多宗教、多文化的地区，也是我国少数民族人口比例最高的省份。

1. 耕地

青海特殊的地域环境，使土地类型具有多样性，以日月山和青藏高原北部边缘为界，以东主要是农耕区，以西主要是牧区。青海地广人稀，虽然地域面积广阔，但耕地面积不大，现有的耕地面积为 56.42 万公顷，只占青海总面积的近 0.8%（见表 4-8）。

表 4-8　青海主要地类及其面积　　　　　　　　　　单位：万公顷

耕地		园地		林地			草地			水域及水利设施用地			
56.42		6.23		460.36			3953.08			206.47			
水浇地	旱地	果园	其他	乔木林地	灌木林地	其他林地	天然牧草地	人工牧草地	其他牧草地	河流水面	湖泊水面	水库水面	坑塘水面
17.71	38.71	0.39	5.84	67.45	369.40	23.51	3666.39	8.91	277.78	43.47	155.48	7.29	0.23

资料来源：青海统计局第三次全国土地调查主要数据公报。

从表 4-8 可以看出，青海耕地面积中，水浇地占耕地面积的 31.39%，而旱地占 68.61%。因此，青海农作物多为旱地作物。由于青海土地类型多样，分布相对集中，为青海特色农畜产品生产提供了重要基础。同时，独特的地域环境，也使这一区域的农业生物资源具有种类丰富、用途广泛和绿色性高、有机性强、特色鲜明等特点。但青海可耕种的土地较少，以草场为主。2010—2020 年青海耕地面积和草场面积如图 4-25 所示。

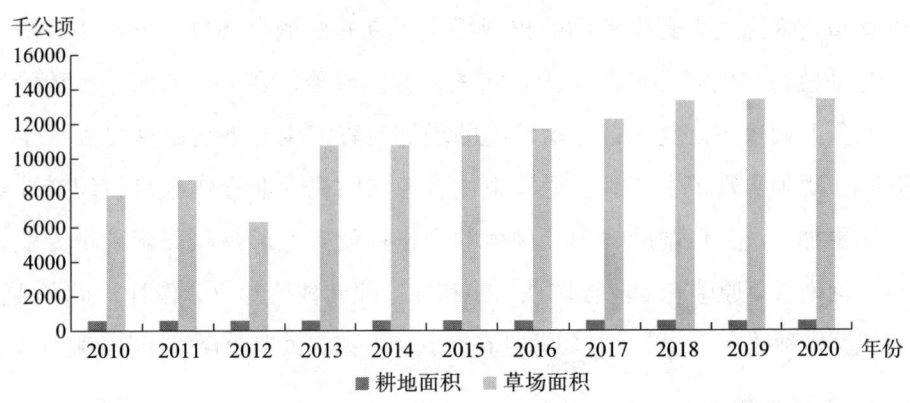

图 4-25　2010—2020 年青海耕地面积和草场面积

资料来源：根据青海统计年鉴相关数据计算整理所得。

从图 4-25 可以看出，青海草场面积不仅广阔，而且在逐年扩大；而耕地面积虽然数量比较少，但基本上保持稳定。这一方面与青海西高东低、高寒地区面积广阔的地势有关系，另一方面与青海传统农牧业经济发展相关。这一局面就农畜产品而言，发展规模农业的局限性较大，但为发展特色农产品生产、壮大畜牧业经济提供了便利。

2. 动植物资源

青海是生物多样性最集中的地区,也是高寒生物物种资源库(见表4-9)。由于青海地形复杂多样,各类生物资源丰富,成为世界生物多样性的重要基地;植物2500余种,其中,野生植物就有1000多种,经济类作物也有100种以上。截至2020年,青海野生动物共有3000余种,其中国家一级保护动物26种,二级保护动物69种,省级保护动物47种。

表4-9 青海主要野生动植物资源种类

野生动物	野驴、雪豹、雪鸡、盘羊、猞猁、野牦牛、棕熊、藏羚羊、白唇鹿、黑颈鹤、岩羊等
野生植物	蕨麻、白麻、芦苇、狭叶红景天、绿花党参、暗紫贝母、云雾龙胆、甘草、头花杜鹃、地皮菜等

资料来源:根据青海省野生动物名录和青海珍稀野生植物图谱整理所得。

由表4-9可以看出,独特的气候特征造就了青海丰富的野生植物资源,而这些植物资源又为野生动物的出现提供了良好的栖息环境。近年来,随着对野生动植物和生态环境的保护,雪豹、普氏原羚、岩羊、赤狐等珍稀野生动物数量开始逐步恢复。野生动植物的增加对青海生态系统的恢复发挥了关键作用,更加丰富了农产品资源,也使青海农牧民专业合作经济组织产业经营范围更加广泛,仅蕨麻一项,种植的合作社就有大通昌顺蕨麻种植专业合作社、河南县草原蕨麻专业合作社、共和珠玉蕨麻种植专业合作社、贵南县宝峰有机蕨麻种植专业合作社、门源县花海蕨麻种植农民专业合作社等200多家。

3. 生态资源

受历史、经济发展条件等影响,青海民族地区大多数经济发展水平较为滞后。但青海的自然资源比较丰富,其矿产资源存储位置相对集中,是我国资源战略转移计划与战略储备计划落实的重要支撑力量。同时,青海又是长江、黄河、澜沧江的源头,为全国最重要的水源地,素有"中华水塔"之称,其生态地位极端重要。

2016年,习近平总书记在考察青海时就指出:"青海最大的价值在生态、最大的责任在生态、最大的潜力也在生态。"这些资源特别是丰富的生物资源更是青海农牧业经济发展的重要基础。而在这些丰裕度较高的自然资源背后，因其独特的地域环境，青海成为我国乃至世界重要的生态屏障。

基于青海生态地位的重要性和脆弱性，自21世纪开始，青海立足生态环境保护，以"生态优先"的发展理念，提出"生态立省"战略，自此，青海明确了生态建设的目标和方向，在国家的大力支持下，开启了生态建设之路（见表4-10）。

表4-10　2000—2019年青海生态建设主要相关历程

年份	建设内容
2000	国家正式成立全国最大的自然保护区——三江源自然保护区
2001	青海省政府发布《关于保护生态环境实行禁牧的命令》
2002	青海全面启动退耕还林还草工程
2006	青海在三江源地区全面取消了GDP考核
2008	青海提出"生态立省"战略，青海省农牧厅印发《关于开展生态畜牧业建设试点工作的意见》
2009	批准设立海南州生态畜牧业国家可持续发展实验区
2011	批准设立三江源国家生态保护综合试验区
2012	青海启动历时4年的"青海省生态系统服务价值及生态资产评估"工作
2013	在全国率先制定了《青海省生态文明建设制度总体方案》
2014	农业部批准青海省为"全国草地生态畜牧业试验区"
2015	中央全面深化改革委员会第十九次会议审议通过了《中国三江源国家公园体制试点方案》《青海省人民政府办公厅关于推进全国草地生态畜牧业试验区建设的意见》
2016	青海省委、省政府印发《关于实施〈三江源国家公园体制试点方案〉的部署意见》
2017	祁连山国家公园体制试点正式启动
2018	国家发展和改革委员会正式印发《三江源国家公园总体规划》
2019	青海省国家公园示范省建设正式启动

为了做好生态环境的保护工作，自20世纪末、21世纪初以来，青海围绕三江源、祁连山、青海湖、柴达木等关键区域的自然资源，以生态功能区责任制的方式，对三江源草地和湿地、青海湖流域生物的多样性、祁连山的冰川与水源的涵养以及柴达木盆地的荒漠和河湟谷地的农业供给五大功能区，投资近817.83亿元，进行了系统的生态保护、修复和建设。特别是对三江源

地区生态环境的保护，通过建立自然保护区和国家公园、生态移民、生态管护岗设置和草原生态补助奖励、天然草地改良、退牧还草、封山育林等多种形式，建立起了三江源国家生态保护综合试验区、祁连山自然保护区、青海湖国家级自然保护区等。

由于生态环境非常脆弱，青海90%以上的土地面积属于禁止开发和限制开发区域。经过短短几年的建设，到2020年，据北京师范大学高原科学与可持续发展研究院"青海生态环境价值评估及大生态产业发展综合研究"重大科技专项研究发现，通过近20年的监测调查，青海生态系统服务价值总量在逐年增长，新测量后合计的生态价值约为36.2万亿元，是我国生态服务价值最大的省份之一。

随着对青藏高原生态保护力度的不断加大，到2020年，青海拥有各类自然保护地217处，并已建成11个自然保护区，保护区面积占青海总面积的1/3。在这些保护区中，国家公园占到一半。据统计，青海森林覆盖率由2011年的5.2%提高到2020年的7.5%，湿地面积居国内首位，其洁净的空气质量与北极地区相当，而青海的农牧区就在这些广袤的生态功能区内，成为青海生态畜牧业、特色农业发展及其农牧民专业合作经济组织发展的资源优势和重要基础。

早在2008年，青海在提出实施"生态立省"发展战略的同时，本着"以保护草原环境为前提，合理利用草地资源为基础，转变生产经营方式为核心，组建生态畜牧业合作社为切入点，建立草畜平衡机制为手段"的思路，选择海南、黄南等6个州7个纯牧业村，开始了大规模草地生态畜牧业可持续发展建设工作。在实施过程中，形成了961个生态畜牧业合作社，整合的草场率达到67%，入社的牧户率达73%，入股合作社的牲畜率达到68%，并探索出草场和牲畜入股经营的"股份制"、通过流转草场让大户经营的"大户制"、联户经营下分群协作的"联户制"及"代牧制"等多种生态畜牧业建设模式。因此，一系列生态建设工程的实施，一方面使青海的生态环境得到保护，另一方面为青海农牧业经济逐步走向良性发展的可持续道路奠定了基础。

第四章 青海农牧民专业合作经济组织建设历程及发展基础

青海独特的地域环境、物种资源以及战略性的环境保护措施，不仅有利于农业以合作经济为方式拓宽发展途径，而且以农牧民合作组织的方式，有组织、有计划、有管理地对这些地区加以合理保护、合理利用，才能更好地维系其可持续性的发展。这也对保障青海农牧民专业合作经济组织可持续发展的各项基础性工作提出了更高的要求。从实践领域来看，青海在提出"生态立省"战略的同时，各地对土地的利用和管理也从生态环境保护的角度提出了纲领性规划，从而保障了生态畜牧业合作社等农牧民专业合作经济组织的运行基础。

案例：位于青海省中部的海西州乌兰县，东邻海南州共和县，南与都兰县相连，西接德令哈市，北与天峻县交界，地处昆仑山和祁连山的陷落地段、柴达木盆地东缘，地势低平且由西北向东南微倾，是通往新疆和西藏的重要交通枢纽，109国道、315国道和青藏铁路贯穿全境。区内属高原大陆性气候，气候冷凉，降雨量少，易发生春旱、早霜冻、大风和雪灾等自然灾害，但矿产、太阳能和风能资源等条件优越。

乌兰县地广人稀，全县人口密度为2.93人/平方公里。特殊的地理条件，使这里的盐湖和沙漠广布，各类矿产资源丰富，现已探明各类矿产地167处，发现矿产34种，主要矿种有池盐、芒硝、碱、长石、硅石等。其中，盐湖资源最为富集，有茶卡、柯柯两大盐湖。

乌兰工业园作为柴达木循环经济试验区煤化工业园区"一区四园"之一，是柴达木新型工业化和资源开发的重点地区，也是柴达木发展循环经济与特色优势产业的主要地区。同时，由于县域内地貌独特，形成多处盐湖类景区、森林公园、沙漠公园、湿地公园等。

乌兰县共辖4个镇，总面积为12249.76平方公里，其中有48.2%为农用地面积。农地中，耕地占0.74%，园地占0.017%，林地占28.67%，牧草地占70.4%，其他类型地占0.17%。乌兰县农业经济发展以畜牧业为主，同时也积极发展枸杞、藜麦等特色作物的种植。境内还有20世纪50年代设立、70年代落户乌兰县的国营青海省海西州莫河畜牧场。

2001—2009年，受西部生态退耕政策和农业结构调整的影响，全县耕地面积大幅减少，由2001年的7400.14公顷减少到2009年的4368.43公顷。尤其在这期间陆续开工建设了青海友明盐化有限公司年产10万吨精制盐和5000吨食品级氯化钾、青海庆华煤化有限责任公司年产200万吨焦化、青海盐业公司柯柯盐湖资源开发等项目。在盐湖资源和矿产资源的开发利用过程中，造成局部生态环境破坏现象比较突出。另外，由于草原超载过牧和利用不当并存，一些草场载畜量失控，致使草场退化加剧，产草量急剧减少，草原生态系统遭受破坏，直接影响农牧业的生产效率。

对此，乌兰县在制定《乌兰县土地利用总体规划》（2006—2020年）时，按照青海"生态优先，统筹协调"的要求，提出合理利用土地资源、保护土地生态、优化土地利用结构和布局、提高土地利用效率以及坚持生态优先、全方位进行生态环境的治理和保护、切实保护好各类重要生态用地等规划措施。在该规划中也提出，需充分利用乌兰县的自然环境、区位优势，积极开辟新能源产业，如在柯柯、茶卡等地区加快发展太阳能、风能等新型能源产业，从而构筑起可靠、稳定、经济、清洁的能源供应体系，以此来充分体现土地利用总体规划对太阳能、风能发电等新能源产业项目的统筹引导作用。为保护生态环境，划定了各类用地边界，制定了允许建设区、有条件建设区、禁止建设区和限制建设区等分区规划。特别是，将生态环境脆弱地带设定为禁止建设区。该规划中，全县禁止建设区的面积达到96082公顷，明确提出在禁止建设区内土地主导用途为生态与环境保护空间，且附近区域开发建设必须进行生态地质灾害危险性评估的要求。

在上述规划内容具体落实中，乌兰县通过相关行政部门每年与各镇、各部门主要负责人层层签订生态环境保护目标责任书、规范"河湖长"制管理等，形成部门联动、齐抓共管局面，确保了规划目标的实现。目前，乌兰县通过落实土地规划，积极实施"三北"防护林建设和退耕还林等工程以及各类防沙治沙、国家重点公益林管护等项目，生态环境得到进一步保护，人居环境也大为改善。2020年，乌兰县获"国家级卫生县城"称号，希里沟镇河东村荣获"国家森林乡村"称号。全县地表水水质优良率达到100%。

依据独特的地域环境和生态优势，在相关政策引导下，乌兰县的特色农牧业得到有效发展。2020年，在乌兰县完成的近11万亩农作物播种面积中，特色作物就占了7万亩，特色作物的种植面积占到乌兰县农作物总播种面积的63%以上。尤其是以当地特有的枸杞、藜麦、茶卡羊、福牛等优势农牧业产品为主，乌兰县于2007年11月在柯柯镇的北柯柯村设立第一家合作社——乌兰县北柯柯生态畜牧业专业合作社，为其社员提供牛羊的养殖、育肥、销售以及饲草种植、技术培训和指导、市场信息咨询等服务。由此，乌兰县农牧民专业合作社从2007年的2家，发展到2020年的253家，特别是生态畜牧业合作组织得到长足发展。例如，基于优良的生物资源和生态环境，柴达木福牛无论是在青海一些著名的景区还是在省会西宁最火热的商场餐饮店销售都非常好，而其就是由地处乌兰县希里沟镇河东村的金穗养殖专业合作社提供的。由于柴达木福牛是在青海牦牛的基础上杂交生产的商品肉牛，青海的高寒气候使柴达木福牛的适应性和抗病性等能力强，肉质不仅细嫩、品质上乘，而且呈现出的大理石花纹独特又明显。在不用任何激素的情况下，柴达木福牛两年可以长到400多千克，这比相同饲养环境下的当地牦牛要高出3倍多。成立于2012年的金穗养殖专业合作社是国家级农民合作社示范社，也是柴达木福牛的标准化养殖基地，该合作社以"公司+合作社+农户+基地"的运营模式，从繁育、养殖、精细加工到福牛餐饮，逐步形成了柴达木福牛的产业化运营发展格局，促进了当地生态畜牧业经济的发展。

（二）东高西低，农业经济发展缓慢，地区间发展不平衡

青海地势西高东低，而农业经济呈东农西牧格局。早在西汉时期，为平定西域边陲，汉宣帝就曾派三朝老臣赵充国带领军队来到青海征讨羌兵，后在东部地势较低、土壤肥沃、灌溉便利的河湟谷地开荒屯田，开创了青海最早期的农耕文明。河湟谷地也因此成为古丝绸之路南线著名的"青海道"的成就者和必由之路。"青海道"后经魏晋南北朝及隋唐时期的不断发展，农业经济逐步成熟，河湟谷地也进一步衍生为青海的政治中心、经济中心。特别是，新中国成立后，随着1954年青藏公路和2006年青藏铁路的

建成通车，河湟谷地的农业经济更是发展快速。加之特殊的地域环境，长期以来，青海东部地区依托气候温润的河湟谷地发展农业经济，大部分人口聚居于此。西部地区广袤的高原山地以畜牧业为主，人口只占青海总人口的 35%。

青海有 2 个地级市，6 个自治州，其中，有 3 个县级市、27 个县、7 个自治县、3 个县级行委。按照地势和农作物分布，一般把地处河湟谷地、海拔在 2000 米左右、地势较为平坦、以种植业为主的海东地区、西宁地区等划归为东部农业区，而把位居青海西部、南部和北部地区，总面积超过全省 97% 的海西州、海北州等 6 州以牧业为主的地区划归为牧业区。在此，为便于归类统计，按照惯例，把海西州、海北州、海南州、黄南州、玉树州、果洛州这 6 州统称为"西部地区"，即牧业区。

由于自然条件、历史发展等原因，青海东西部农牧业经济区中各地面积、人口分布、产业结构差距都较大。单从人口来看，2010—2020 年，青海人口年均增速为 0.4%，与第六次全国人口普查相比，东部城市群地区，常住人口所占比重上升了 0.51%，这也使青海的城镇化率在 2020 年末突破了 60%，但包括青海西部海西州在内的西部环湖地区，其常住人口年均增速、比重均有所下降。特别是，在农业经济发展方面，青海不仅在总量上呈现东高西低的局势，而且农牧民收入差距很大，越往西，越偏远，其贫困程度越大，越需要以专业合作经济组织这一农牧业经济组织方式降低来自自然环境、市场竞争、生产成本等各种风险。

历经"十二五"和"十三五"两个青海经济快速发展时期，青海农业经济的发展形成重要轨迹，与之相关的青海农牧民专业合作经济组织的发展基础和条件发生重要变化。

1. "十二五"时期

进入 21 世纪，随着西部大开发战略的实施，青海经济保持快速增长态势。青海生产总值从 2004 年开始出现较快增长，由 639.50 亿元增加到 2016 年的 2572.49 亿元，增长了 3 倍多；人均生产总值由 11889 元增加至 43531 元，增加了近 2.7 倍。特别是，通过"十二五"时期的建设，青海经济得到较快发展。

"十二五"时期，青海生产总值整体增加了近 1000 亿元，由 2011 年的 1635 亿元发展到 2015 年的 2417 亿元，年均增长 11%（见图 4-26）。而这一时期，青海生产总值与全国相比差距依然很大，只占全国生产总值的 0.29%，人均生产总值与全国水平相比有 15039 元的差距；青海城乡居民人均可支配收入与全国平均水平虽然也有较大差距，但相对差距缩小了 5%。这一时期，青海三大产业结构也有所变化，如图 4-27 所示。

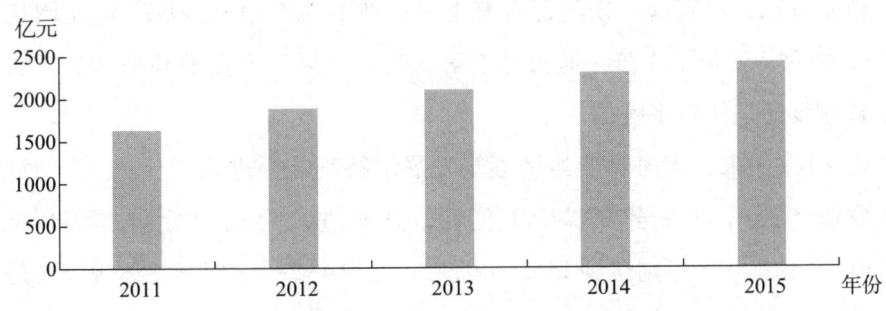

图 4-26 "十二五"时期青海生产总值

资料来源：根据《青海统计年鉴2016》相关资料整理所得。

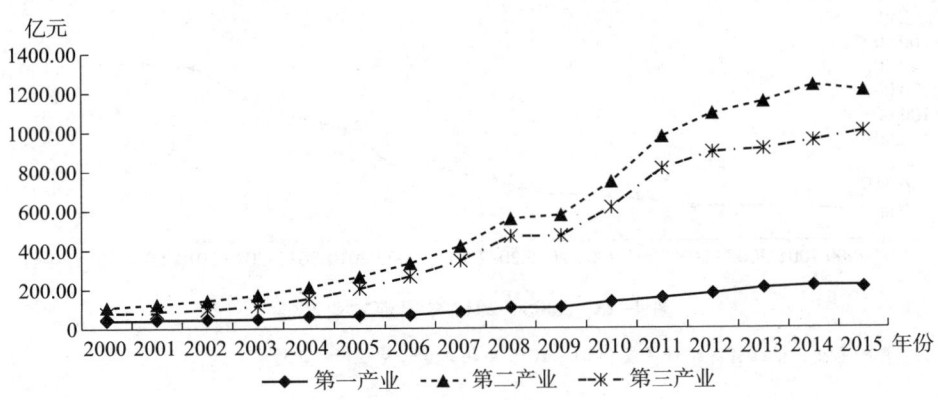

图 4-27 2000—2015 年青海三大产业的总产值

资料来源：根据青海统计年鉴2001—2016年相关资料整理所得。

根据图 4-27，从三大产业自身的发展来看，2000 年到 2015 年，青海第一产业增长总体比较平缓，而其他产业上升较快，特别是第二产业的总产值从 108.83 亿元增长到 1208.71 亿元,增长了 10 倍,然而增长率从 15.74%下降到-2.07%,下降了 17.81 个百分点,明显后劲不足,但第三产业一直处在增长态势。最明显的是,从产业结构来看,经过"十二五"时期的发展,青海产业结构发生重大变化,第一、第二、第三产业在青海生产总值中所占的比重由 2000 年的 14.6∶43.3∶42.1 转变为 2016 年的 8.6∶48.6∶42.8。其中,农业经济的发展相对于其他产业的比重不断下降,2000—2015 年仅 15 年时间,农业在青海生产总值中的占比就下降了 5.8%,城乡差距也进一步拉大。由此可见,尽管这一期间,青海第一产业的总产值从 40.12 亿元增长到 207.90 亿元,增长了 4 倍,但相对于第二产业和第三产业的高速增长,农业的增长速度还是比较平缓的。

近 20 多年来,青海农业经济逐步发展。特别是,进入"十二五"时期,青海农业产值由 2000 年的 24.91 亿元,开始进入百亿元行列,2011 年为 102.91 亿元,2015 年则达到 145.00 亿元(见图 4-28)。但其总体规模还是不大,占青海生产总值的体量较小。2010—2020 年青海第一产业占青海生产总值比重如图 4-29 所示。

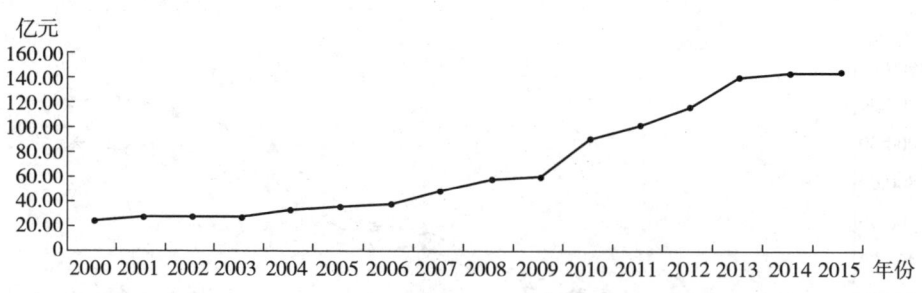

图 4-28　2000—2015 年青海农业产值

资料来源:根据青海统计年鉴 2001—2016 年相关资料整理所得。

由图 4-29 可以看出,2010—2020 年青海农业产值平均占青海生产总值的 9.7%,占比较小。因此,青海农业经济依靠规模效应发展的概率不大,农牧民专业合作经济组织在发展中必须做好生产资源的整合、特色效应的发挥等方面的工作,以此来积极提升其发展能力。

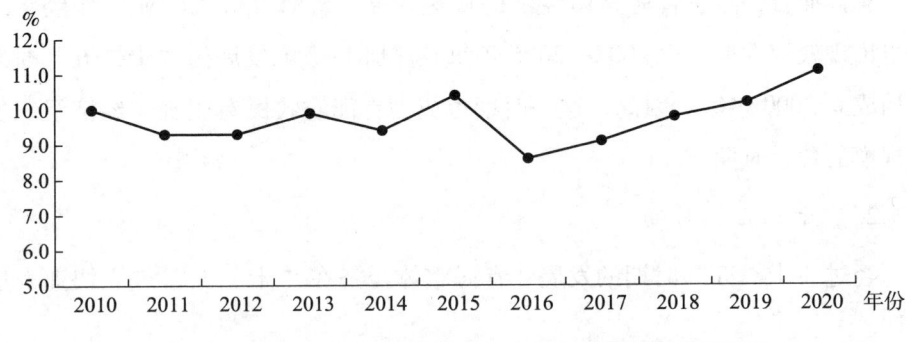

图 4-29 2010—2020 年青海第一产业占青海生产总值比重

资料来源：根据青海统计年鉴相关数据计算整理所得。

在经济快速发展的"十二五"时期，青海农牧民专业合作经济组织的发展却面临地区农业经济发展不平衡问题。青海地势西高东低，西部平均海拔4000米，地域广阔，但人口、农业经济在全省的分布呈东高西低的局势。青海各州、市基本情况统计如表 4-11 所示。

表 4-11 "十二五"时期青海各州、市基本情况统计

地区	土地面积			人口			第一产业		
	总面积（平方公里）	比率（%）	全省排名	总数（人）	比率（%）	全省排名	总产值（万元）	比率（%）	全省排名
海西州	325785	40.75	1	412461	7.11	4	404124	12.34	4
玉树州	267000	33.40	2	404636	6.97	5	296236	9.04	5
果洛州	76000	9.51	3	193628	3.34	8	71987	2.20	8
海南州	46000	5.75	4	470776	8.12	3	439733	13.43	3
海北州	45000	5.63	5	296615	5.11	6	249848	7.63	6
黄南州	18800	2.35	6	273485	4.71	7	245555	7.50	7
海东市	13160	1.65	7	1723675	29.71	2	867901	26.50	1
西宁市	7649	0.96	8	2026369	34.93	1	699532	21.36	2

资料来源：根据《青海统计年鉴 2016》相关资料整理所得。

由表 4-11 可以看出，在青海，以牧业为主的海西州、海北州、海南州、黄南州以及玉树州、果洛州，地域面积占青海总面积的 97%，人口只占到青海省总人口的 35%，第一产业总共占 52%，6 个州平均只各占 9% 左右。因此，农牧民专业合作组织作用的发挥在西部地区有更大空间和更多潜力。

总体而言，随着青海整体经济的快速发展，青海农牧民专业合作经济组织也出现较快发展，由2003—2006年每年注册1~2家发展到"十二五"时期年均成立2000多家。因此，这一时期也成为青海农牧民专业合作经济组织发展规模的黄金时期。

2."十三五"时期

经过"十二五"时期的发展，青海整体经济在"十三五"进入快速发展时期。

如图4-30所示，2015—2020年青海生产总值稳步增长。从2020年的产业结构来看，青海第一产业增加值为334.3亿元，占青海地区生产总值的比重为11.1%；第二产业增加值为1143.5亿元，占青海地区生产总值的比重为38.0%；第三产业增加值为1528.1亿元，占青海地区生产总值的比重为50.8%。这一时期，三次产业结构由"二三一"变成"三二一"，实现了历史性转变，产业结构进一步优化。尽管第一产业比值比较低，但其总产值仍然保持了稳中有升的局面。

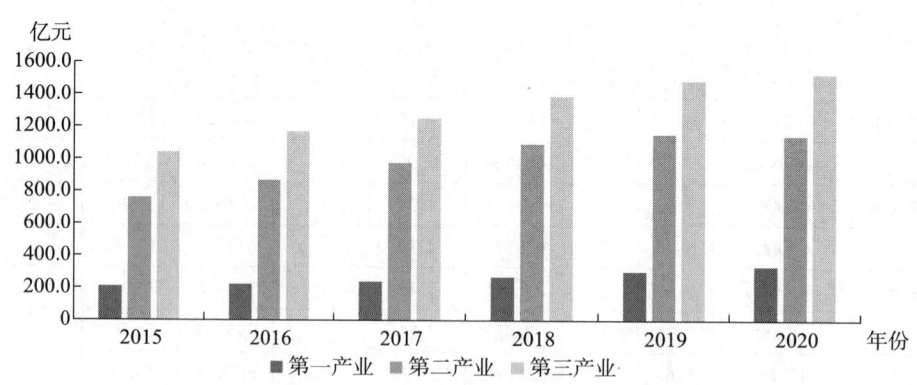

图4-30　2015—2020年青海三大产业数据

资料来源：依据青海统计年鉴2016—2021年相关数据整理所得。

2016—2020年，青海经济发展较快，其生产总值由2016年的2572.49亿元增加到2020年的3005.92亿元（见图4-31）。特别是2020年，青海的生产总值受经济下滑影响增长较为缓慢，但仍比2019年增长了2.0%，比2015年增长了49.5%，年均增速8.0%，高于全国水平。其中，包含了"十三五"时期青海农业经济的逐步发展。2011—2020年青海农业生产总值与青海生产总值如图4-32所示。

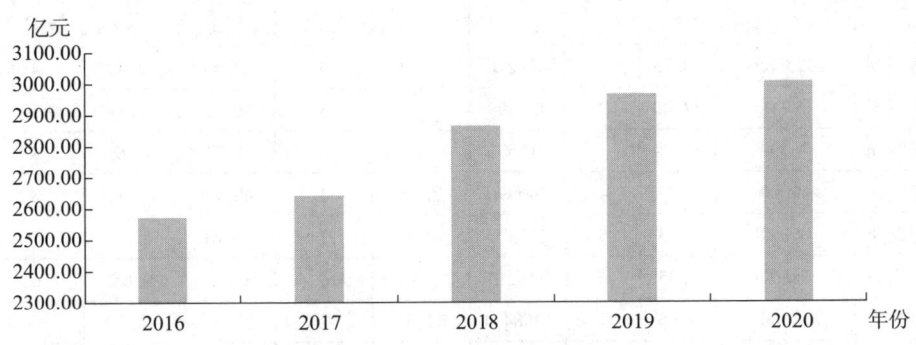

图4-31 2016—2020年青海生产总值

资料来源：根据《青海统计年鉴2021》相关资料整理所得。

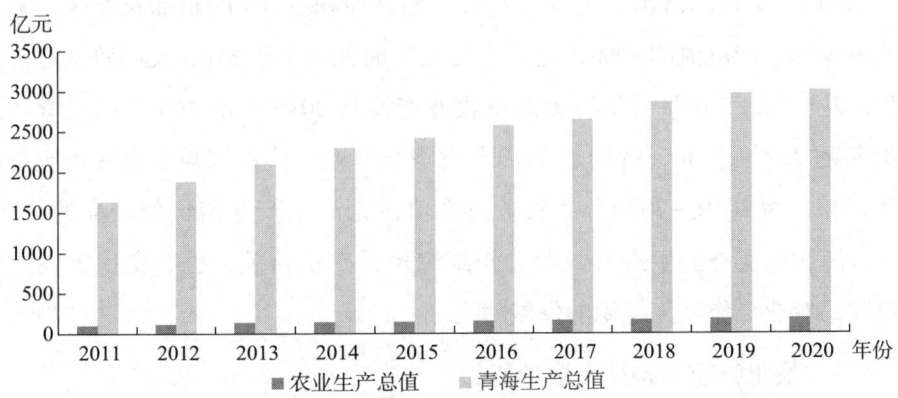

图4-32 2011—2020年青海农业生产总值与青海生产总值

资料来源：根据《青海统计年鉴2021》相关资料整理所得。

由图4-32可以看出，"十二五"和"十三五"时期，青海生产总值由1000多亿元迈上了3000亿元台阶，以每年增长100多亿元的速度发展。"十三五"时期的农业生产总值也呈现出稳中有升的态势。特别是，自2017年开始实施的乡村振兴战略也在逐步发挥作用。但这一时期，农业经济发展在青海各地仍然有不均衡现象，如表4-12所示。

表 4-12 "十三五"时期青海各州、市基本情况统计

地区	土地面积			人口			第一产业		
	总面积（平方公里）	比率（%）	全省排名	总数（人）	比率（%）	全省排名	总产值（亿元）	比率（%）	全省排名
海西州	325785	40.75	1	468216	7.90	3	41.47	12.40	4
玉树州	267000	33.40	2	425199	7.18	5	39.42	11.79	5
果洛州	76000	9.51	3	215573	3.64	8	9.77	2.92	8
海南州	46000	5.75	4	446996	7.55	4	49.20	14.72	3
海北州	45000	5.63	5	265322	4.48	7	29.61	8.86	7
黄南州	18800	2.35	6	276215	4.66	6	30.27	9.05	6
海东市	13160	1.65	7	1358471	22.93	2	77.40	23.15	1
西宁市	7649	0.96	8	2467965	41.66	1	57.17	17.10	2

资料来源：青海省第七次全国人口普查公报（第二号）、青海各州（市）统计局。

从表 4-12 可以看出，人口占 65%、地域面积近 3% 的东部农业区，第一产业占青海生产总值的 40%，比"十二五"时期低了近 8%，说明牧业经济在逐步提升。"十三五"时期，青海畜牧业产值从 2016 年的 165.7 亿元增加到 2020 年的 297.4 亿元，特别是 2019 年青海畜牧业产值占到当年青海生产总值的 8.31%，为 2010—2020 年畜牧业总产值占青海生产总值比值最高的一次。这与青海牧区实施的生态畜牧业合作组织建设密切相关，也必将积极促进青海农牧民专业合作经济组织的发展壮大。

（三）突出特色，持续发展种植业

从严格地理划分上来看，青海农业区主要分布在东部北纬 35 度以北、东经 99 度以东的地区，地处民和县寺沟峡以西，西到日月山以东，在祁连山支脉的达坂山以南及龙羊峡以北的湟水谷地。这里地势较为平坦，平均海拔 3000 米，水资源较丰富，农耕面积达 53.4 万公顷，占了青海全部耕地面积的 90.8%，包括西宁、民和、乐都、同仁、贵德、平安、互助、尖扎、门源、循化、化隆共 1 市 10 县。

受历史、地域条件的影响，青海东部农业区自然条件较为优越，是青海主要粮农作物产区。该区海拔较低，年平均气温在 2.0~8.6 摄氏度，日照时间长，作物生长季为 180~240 天，气候冬暖夏凉，光热条件好，适合冷凉作

物生长。但这一区域属于半干旱区，年降水量在500毫米以下，耕地中有68%在浅山干旱区。

除此之外，在青海的柴达木盆地和青南河谷地带有少量耕作地，面积分别为4.0万公顷和1.5万公顷，分别占青海耕作区的6.7%和2.5%。青海西南部则为牧区。

经过国家环境质量的综合评估，青海省境内绝大部分地区的环境质量保持良好，适合发展以绿色食品为主的特色农业生产。青海种植的农作物以旱作物为主，主要有春小麦、马铃薯、青稞、油菜、蚕豆等。由于地处高寒地带，自然条件独特，农作物具有病虫害少、生产周期长的特性，再加上人口少、污染小，且紫外线较强、昼夜温差大、气候冷凉，使青海农产品有效养分高，品质优良，极具天然的绿色性和无污染特性，符合当前消费者的绿色偏好。

青海生产的紫皮大蒜、马铃薯、杂交油菜、蚕豆、青稞、循化线椒、花椒、薄皮核桃等，不仅产量较高，而且人体所需的有益成分含量高。①青海脱毒马铃薯个大亩产高，品种优良，病虫害少，茄碱含量和还原糖低，其淀粉含量达30%以上，富含磷、钾、钙、铁、维生素C等矿物质和各种维生素，亩产量比黑龙江、甘肃两地平均产量高250~500千克，在农民脱贫增收方面发挥了重要作用。②红皮蒜以外皮呈现浅紫红色而得名，在海东区域、柴达木盆地也多有栽培。当中尤以贵德、乐都、柴达木盆地分布的红皮蒜品种有名。其茎块中富含大蒜辣素、氨基酸、挥发性油等。红皮蒜市场具备了大量开发能力，已出口日本等发达国家。③青海是白菜型油菜的原产地之一，青海油菜生长期短、芥酸含量低、产量高、籽粒饱满、出油率高，籽粒含油量一般达到43%~52%，远高于全国其他地区的籽粒含油量。随着科技的进步和杂交油菜的推广，青海油菜种植面积不断扩大，单产量也在不断提高，其种植面积及经济效益在青海农作物种植中均居首位，具有良好的市场和发展前景。④青海的中藏药产业也在蓬勃发展。中藏药是中华民族优秀传统文化的瑰宝。高原独特的气候、环境是藏药种植、生产的天然场所。青藏高原有药用价值植物1200多种，药用动物150多种，药用矿物质40多种，是藏医药的发源地，也是名贵中藏药的天然宝库。因而，青海特色农产品种植得到稳步发展。

青海地域广阔，但据统计，青海耕地面积在 2015 年为 58.8 万公顷，人均耕地 0.102 公顷（1.53 亩），略高于全国人均耕地水平。青海省第三次全国国土调查显示，截至 2019 年 12 月 31 日，青海省耕地面积达 56.42 万公顷，比 2015 年有所降低。其中，水浇地 17.71 万公顷，旱地 38.71 万公顷，分别占青海耕地面积的 31.39% 和 68.61%。

青海耕地主要集中在东部农业区的海东市和西宁市，占总耕地面积的 57.32%，加上位处第三的海南州，3 个地区的耕地占青海耕地面积的 74.90%。

这些耕地中，青海种植的主要是一些传统的特色农作物，其种植面积各时期基本相同。但在规模上，根据政策调整、市场需求等变化，在不同的年份均有所变化。特别是，由于"十二五"时期青海强化了退耕还林还草政策，对牧业区大面积种植的油菜等作物有一定影响。进入"十三五"时期，实施乡村振兴战略后，青海经济类作物种植面积得以扩大。

就"十二五"时期来看，青海农作物主要集中在油菜、青稞、马铃薯、枸杞、蚕豆等种类上，种植面积如表 4-13 所示。

表 4-13 2010—2015 年青海主要特色农产品的种植面积情况   单位：万公顷

年份	油菜籽	枸杞	青稞	蚕豆	马铃薯
2010	17.26	1.04	3.59	2.5	8.67
2011	18.05	1.34	4.35	2.23	8.81
2012	16.00	2.10	4.53	2.28	8.37
2013	15.42	2.17	3.93	2.02	9.37
2014	14.82	2.26	4.35	2.03	9.30
2015	14.49	2.96	4.32	2.01	9.01

资料来源：根据《青海统计年鉴 2016》相关资料整理所得。

从表 4-13 可以看出，"十二五"时期，青海主要特色农产品的种植面积变化不大，基本保持平稳，在总量上有一些起伏：由于退耕还林还草等政策的落实，油菜种植面积逐年减少；蚕豆受出口产品龙头公司青海源兴实业有限公司贸易量萎缩等影响，种植规模也在减小；青稞和枸杞的种植面积受近年来市场效益影响不断增加，种植规模在逐渐扩大，特别是枸杞生产规模不断扩大，2010—2015年，其种植面积扩大近2倍；马铃薯是青海农业经济的支柱产品，2013年种植面积比较大，2013年之后受多种经营、结构调整、"威斯顿"等薯业公司经营业务的变化等影响，种植面积有所减少。

进入"十三五"时期，青海加快转变农牧业发展方式，促进乡村产业融合发展，突出特色优势农作物的种植，2020年农作物总播种面积57.14万公顷，比2019年增加1.79万公顷。青稞及经济作物明显增加，其中，经济作物播种面积28.14万公顷，比上年增加0.81万公顷。

2020年青海同比播种面积增加，主要是青稞的种植面积达8.3万公顷，增加了1.9万公顷；油料14.4万公顷，约增加0.1万公顷；玉米、豆类的种植面积分别为2.1万公顷和1.9万公顷，与上年相比略有增加；小麦、薯类、药材、蔬菜的种植面积分别减少0.8万公顷、0.4万公顷、0.1万公顷、0.1万公顷。青海2020年全年粮食产量107多万吨，比上年增加了近2万吨；单位面积产量370.4千克/公顷。

近年来，青海在有限的耕地上，以生态优先的理念，积极发展特色农业经济，取得了积极的效果。由于地形复杂、荒原较多、牧草面积大、可用垦殖地较少，加上青海地区的气候较干燥、降水量较少、不适应大多数农作物生长，本地种植的农作物以耐寒耐旱的蚕豆、小麦、马铃薯、枸杞、青稞、沙棘、油菜等为主，农作物生长周期基本上是一年一熟，生产周期较长，投入成本较高。但青海是世界四大超净区之一，生产的农产品病虫危害极轻，农药使用量、使用频次极少，是农产品生产的天然绝佳生态区。

为了推动青海绿色有机农畜产品的生产，促进青海农牧业经济的提质增效和可持续发展，青海从2019年起提出化肥减量提效、农药减量控害的"双减"目标，计划用5年时间实现种植业的化肥农药"零使用"，从而提升农产品的绿色品质。此目标已积极落实，并将有效助力青海绿色农业的发展。

青海农业走上特色发展之路，与农业科技密切相关。2017年，青海围绕枸杞产业的发展创建了都兰县国家现代农业产业园，此外，已有27个省级现代农业产业园、38个省级以上的农业科技园,设立5项国家行业标准、3项地方标准,逐步完善特色农畜产品标准体系,实施以科技造就高原特色优势农产品的各项措施。

表4-14 青海科技创新的主要农产品种类

年份	农产品名称	特点
1976	青稞"北青8号"	耐旱、耐盐碱
	高原"338"号春小麦	耐寒、高产、抗倒伏
1996	青油"331"双低甘蓝型油菜	抗病强、耐寒
1999	青薯2号马铃薯	淀粉含量高、农艺性状好
2009	青甘一号	抗黑腐病、耐密植性强
2014	青薯9号	抗逆性、抗病性
2015	黑果枸杞	抗辐射、耐酷寒
2016	青藜2号	氨基酸含量高、维E含量高
2018	青黑杞1号	花青素含量极高
2019	青蚕19号	耐旱性高
2020	青稞"昆仑17号"	高产、多抗

表4-14所列农产品是青海众多农业科技领域的几项科研成果,每项科研成果都为青海特色农产品的发展做出了重要贡献。例如,1976年中国科学院西北高原生物研究所研制的高原"338"号春小麦,就曾在1978年创下亩产1013.05千克的春小麦世界纪录。此外,青海从20世纪90年代以研发青油"331"双低甘蓝型油菜杂交技术起步,时至今日,青海的油菜杂交育种技术已处于国内领先水平,16个杂交油菜品种的"青杂"系列已经推广到全国春油菜种植80%以上的区域以及部分"一带一路"沿线国家;"青薯"系列马铃薯品种在全国辐射推广面积达到1000万亩以上,其成果转化和推广不断加强。目前,青海主要农作物良种覆盖率达到98%,青稞、蚕豆等品种选育达到国内先进水平。青海科技对农业经济发展的贡献率达到60%,特色农业产业领域的创新发展能力不断增强。

此外,青海的农产品龙头企业积极开展特色农产品的开发、研究工作,提升了特色农产品的价值和效益,促进了青海种植业的发展。

例如，有3000多年种植史的青稞，是青海农牧业特色产业之一，不仅种植面积广泛，而且良种率在90%以上。青稞一直是藏区的传统主食，主要食用方式是糌粑。自20世纪70年代开始，我国青稞育种等科研力度不断加大，培育的优质青稞既有青海门源县种子管理站和海北州农业科学研究所及其种子管理站杂交选育的"北青8号""北青9号"，也有青海农林科学院培育的"昆仑1号""昆仑17号"。其中，有青海第一个被国家鉴定的粮草双高青稞品种"昆仑14号"，也有青稞单产纪录最高的"昆仑15号"。而目前市场上很流行的黑色青稞品种就是"昆仑17号"生产。青海已经成为我国最早且最有优势的青稞产业科研集中区。

青海特色青稞育种持续推进的动力既有满足牧区粮食供给和粮食安全的需要，也有市场需求不断加大的背景。近年来，市场消费更加倾向健康、有机食品。青稞产品市场现有的青稞饼干、青稞麻花等一般小食品，其经济效益比初级加工的青稞高出10倍，而精深加工形成的青稞β-葡聚糖口服液、青稞黄酮、营养健康粉，则经济效益可增加150倍。据统计，80%以上的青稞实现了商品化，并在2019年成立了青稞产业联盟。其中就有我国唯一拥有青稞研发工程中心的青海华实集团。青海华实集团专门设立食品开发研究院，与青海大学农林科学院等开展校企合作，进行青稞、马铃薯领域的产品研发，已转化的技术成果产品有青稞麦片、青稞麦绿素粉等10款以上。

农业科技水平的提升为青海农产品在品牌打造方面创造了更大的优势。据青海农业农村厅统计，青海围绕"生态青海、绿色农牧"品牌目标，培育出179个"青字号"农业特色品牌，认证的绿色食品、有机农产品和地理标志农产品达到960个，获得"中国驰名商标"20个、青海著名商标55个，建成百亩以上蔬菜标准化基地275个，创建国家特色农产品优势区5个、国家级现代产业园4个，培育省级现代农业产业园30个、产业强镇15个，成立了"青海青稞产业联盟""青海油菜产业联盟"。自此，青海的青稞、油菜等特色农产品开始走向集群式发展。

（四）利用资源优势，稳步提升畜牧业

青海是我国五大牧区之一，草场面积广阔，草地资源丰富，早在三四千

年以前畜牧业就成为牧区农牧民主要的生活来源。青海地处我国第三阶梯，独特的地理位置使其天然草场广布。相关调查数据显示，截至 2019 年底，青海的草地面积中，93% 为天然草地，天然牧草地面积达到 54996 万亩。作为我国第四大牧区，牲畜存栏数较高，特别是牦牛数量占到全国总数的 40%，且奶产品乳脂率比一般奶牛高 1 倍多。这些为青海畜牧业经济的稳步发展和畜产品质量的提升奠定了基础。

近年来，随着退耕还林还草、草场修复工程、草原生态保护等政策的实施，青海草场面积不断扩大，仅围栏草场面积一项，在 2013 年迈上 1000 万公顷的台阶，并由 2015 年的 1130.6 万公顷增加到 2017 年的 1227.2 万公顷，之后 3 年直接迈上 1330 万公顷的台阶（见图 4-33）。

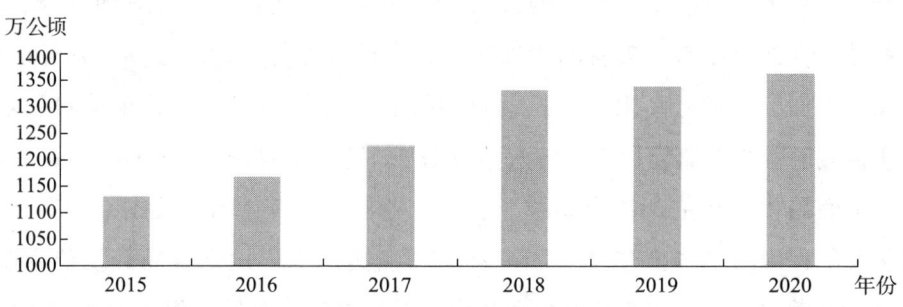

图 4-33　2015—2020 年青海围栏草场面积

资料来源：根据《青海统计年鉴 2021》相关资料整理所得。

青海不仅草场面积大，而且有机性高，农牧业经济发展空间较大。2014 年，青海被确定为"全国草地生态畜牧业试验区"。之后，青海海北州的祁连县、黄南州的河南县和泽库县等 12 个县通过有机认证的草原面积达 461.07 公顷。

青海不仅有广阔而优质的天然草场，也为保护生态环境积极修复退化的草场。近年来，青海还通过人工种草来扩大可利用草场面积。同时，青海畜牧业开始利用北斗、遥感卫星等现代技术，对草原牧草实施自动监测，有效实施了"以草定畜、轮作放牧"，不仅提高了草场单位面积的载畜量和牧草产量，也促使畜牧业发展模式朝着现代化、生态化方向转变。

良好的草地资源和生态环境，使青海畜牧业得到稳定发展，为青海农业经济发展做出了积极贡献。畜牧业产值由2011年的119.3亿元增加到2020年的297.4亿元，并一直保持在青海农业经济中50%左右的占比。

青海畜牧业产值在2010—2020年占农业总产值的52%，波动基本在50%上下，发展态势较为平稳（见图4-34）。畜牧业产值占比由2010年的50.40%发展到2016年因市场结构的调整下降到48.91%，之后，随着畜牧业产品市场价值的提升，在2020年达到58.00%。

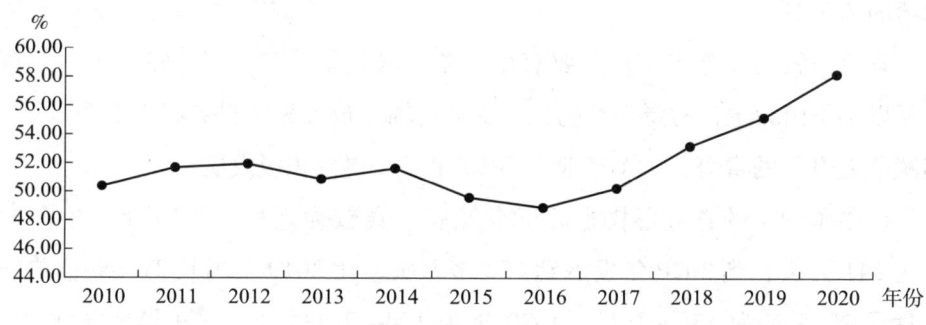

图4-34　2010—2020年青海畜牧业产值占农业总产值的比率

资料来源：根据相关年份青海统计年鉴、农业农村厅相关资料整理所得。

近年来，青海畜牧业产值呈现逐年上升的趋势。2011—2020年，青海畜牧业产值稳步提升，前5年增加速度较为平缓，畜牧业产值由2011年的119.3亿元，增加到2014年的169.1亿元，2015年小幅下降到158.4亿元（见图4-35）。在此期间，青海农牧业产值年均增长104亿元。

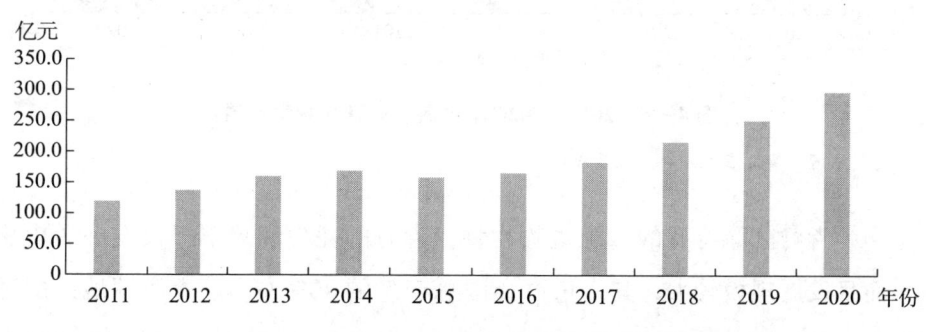

图4-35　2011—2020年青海畜牧业产值

资料来源：根据青海统计局、农业农村厅相关统计资料整理所得。

截至 2015 年，青海畜牧业乡镇有 124 个，占青海乡镇总数的 33.88%；牧业委员会有 888 个，是青海村民委员会总数的 21.38%；牧业人口为 79.97 万，是青海乡村总人口的 20.20%。而在 2010—2015 年，青海畜牧业产值占到青海农业经济总产值的 53.0%，其增幅也达到 58.4%，高于农业产值增幅。此后，青海的畜牧业出现 5 年的连续上升期，由 2016 年的 156.7 亿元增加到 2020 年的 297.4 亿元。尽管畜牧业产值比较高，但作为第一产业，畜牧业在青海生产总值中的占比仍然较低，2010—2020 年畜牧业年均产值占青海生产总值的 7.26%。

青海畜牧业资源丰富，主要有牛、羊、马、猪、骡、驴、骆驼等，其畜产品以牛羊肉为主，禽蛋类、奶类、皮毛为辅。被誉为"世界牦牛之都""中国藏羊之府"的青海，牛羊产业自 2015 年至今得到积极发展。

以牛羊为主的青海畜牧业近年来发展一直较为平稳。2015 年，牛存栏量为 541 万头，到 2020 年发展到 652 多万头，比 2019 年增长 31.9%；羊的存栏量 2015 年为 1393 万只，2020 年为 1344 万只，比 2019 年增长 1.3%（见图 4-36）。

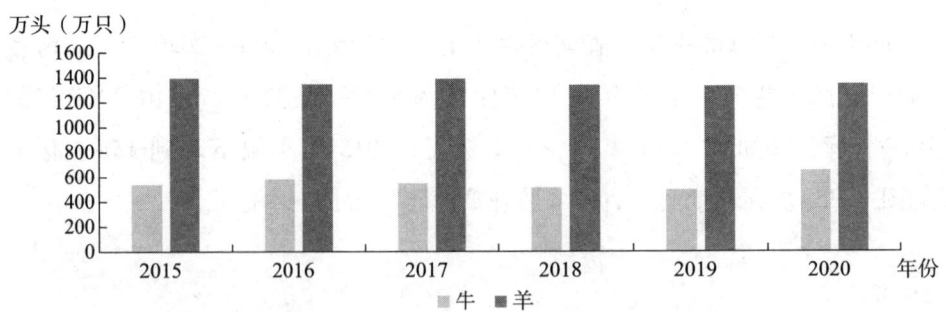

图 4-36　2015—2020 年青海主要畜牧物种产量

资料来源：青海农业农村厅统计资料。

作为青藏高原特有的传统畜牧物种，青海的牦牛和藏羊不仅发展历史悠久，而且发展规模较大，其产量占全国总产量的 40%左右。青海湖地区的环湖牦牛、黄南地区的雪多牦牛和玉树牦牛、扎什加羊、欧拉羊等一些地方品种，被相继列入国家畜禽遗传资源名录。随着青海畜牧业科技含量的不断提升，青海牛羊的良种化率在60%以上。值得一提的是，基于广阔的草场面积和良好的生态环境，这些牛羊基本处于半野生状态，且有机性较高。

青海作为全国第一个部省共建的绿色有机农畜产品示范省和全国唯一的草地生态畜牧业试验区，现已成为全国最大的有机畜牧业生产基地。针对牦牛、藏羊产业发展，青海实施可追溯体系建设。特别是，农牧民专业合作社有200多万头（只）的牛羊佩戴了耳标，积极实施了可追溯制。据统计，青海有机生态畜牧业生产基地有63个，认证的有机牦牛、藏羊445万头（只），获得绿色食品、有机农产品和无公害、地理标志农产品证书的农产品有925个。伴随着一系列政策和措施的实施，青海有机食品的认证面积位列全国第一。2020年我国有机食品认证面积前五名地区如图4-37所示。

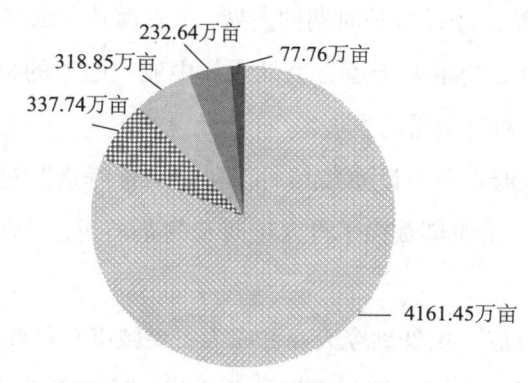

图4-37　2020年我国有机食品认证面积前五名地区

资料来源：根据中国绿色食品发展中心、智研咨询提供的数据整理所得。

由图4-37可以看到，得益于青海有机畜牧业快速而有效的发展，2020年，青海有机食品认证面积达到4161.45万亩，占当年我国有机食品认证总面积的71%，占我国有机食品认证面积前五个最大省份的81%，位列全国第一。但青海有机食品数量只有144个，仅排全国第九位，低于有机食品认证面积比青海要低的黑龙江、甘肃等。可见，尽管青海畜牧业产业发展具有良好的自然资源和生态环境优势，但其产品的产业化、市场化程度不够高，产业优势效应的发挥、资源的整合及其组织化、标准化、现代化等方面的水平有待提高，市场的竞争能力也有待进一步提升。

（五）农产品出口效益逐步显现

青海自古就是丝绸之路上重要的交通要道，对外贸易发展由来已久。早在汉代的"羌中道"时期，青海地区就开始出现民间的对外贸易行为。在汉武帝、汉宣帝时期，西汉王朝在西宁设立了一些驿站，以官方为主，在进行经济建设的同时，以丝绸、香料、瓷器、玉器、金银器等物品与西域诸国进行货物贸易。4—6世纪，"青海道"成为丝绸之路上东西方交流的交通要道。"吐谷浑道"时期，民间的对外贸易行为开始增多，"青海道"上的贸易由官方市场逐步演变为民间的自由市场。元朝建立之后，中原王朝实现了对丝绸之路"青海道"沿线城市的直接管辖，元朝政府也在汉藏通道上修建设立了多达27个官方驿站。经过漫长时期的发展，"青海道"逐渐繁荣。它不仅成为中原王朝联系西域的重要干道，也是通往中亚、西亚的枢纽之地，因此积极带动了青海当地对外贸易的发展。

明清时期，政府在西宁设立茶马司，利用"青海道"进行茶叶和马匹的交易。到1735年，清王朝裁撤了设立于西宁的茶马司，"青海道"慢慢淡出了历史舞台。

古时的"青海道"发展到今天也已成为主要城市和重要的商贸区。例如，在"青海道"之后的晚清时期，青海的羊毛以"西宁毛"著称，远销海外。1892年，英国商人在西宁设立泰兴洋行以方便收购羊毛、羊绒、羊皮等商品。1900—1914年，陆续有英国、美国、俄国、德国等国家的商人在今西宁的观门街、石坡街、湟源县、循化县设立"仁济""新泰""瑞记""和平"等数十家洋行，仅羊毛，每年收购大约300万千克。

历史推进到2013年，我国开始实施"一带一路"建设，这一举措和构想使西宁、海东、德令哈、格尔木等青海古丝绸之路沿线的重要城市如今成为新丝绸经济带的重要节点城市。这一时期青海对外贸易增长快速。

青海的贸易具有了一定规模，最高时期的2015年进出口贸易达近120.00亿元。特别是"一带一路"倡议提出后，青海的进出口总额从2013年的86.90亿元增长到2015年的119.86亿元。但自2016年起青海进出口总额开始呈下降趋势。以 2015 年为界，2011—2015 年，也就是在"十二五"时期，青海进出口贸易逐年增长，但进入"十三五"时期后，进出口规模出现波动性下降（见图 4-38）。而这两个时期的青海农产品出口也出现较大变化。

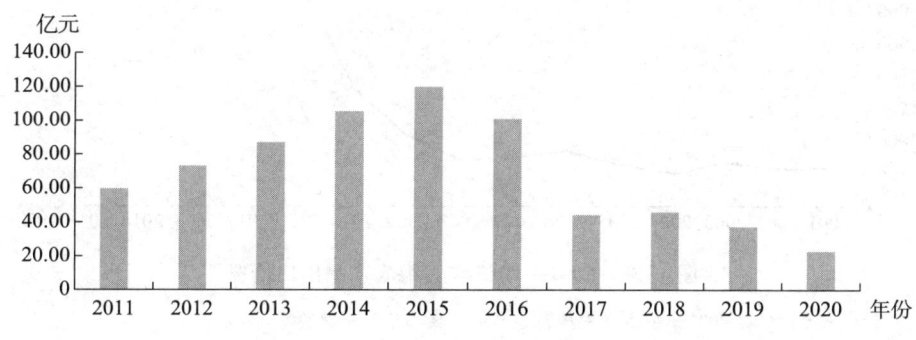

图 4-38　2011—2020 年青海进出口贸易规模

资料来源：根据青海统计年鉴 2012—2021 年相关资料整理所得。

1. "十二五"时期

青海是三江之源，全球四大无公害、超净区之一。这是青海发展生态农畜产品特有的基础，也是青海农畜产品走向全国乃至世界特有的优势。近年来，伴随西部大开发特别是"一带一路"建设，青海特色农产品以其特有的高原、有机、绿色和无污染性等特征，逐步迈向国际市场。为开拓对外农产品交流市场，青海利用"青洽会"、国际清真食品博览会等展会平台，将青海特色农产品通过出口型龙头企业远销欧美、中东、东南亚、日本、韩国、中国香港、中国澳门等国家和地区。尤其是进入"十二五"时期，青海农产品出口贸易进入快速发展时期。

从图 4-39 可以看出，2001—2015 年青海农产品出口经历了三个起伏阶段：

（1）2001—2008 年，农产品出口增长缓慢，由 2001 年的 568.0 万美元增长到了 2008 年的 685.9 万美元，年均增长率近 3%；

（2）2009—2011 年，农产品出口贸易额从 2009 年的 1075.8 万美元上升到了 3457.7 万美元，年均增长率近 72%，青海农产品出口贸易出现了短期的高速发展；

（3）2012—2015 年，受金融危机等影响，青海农产品出口呈现出下降态势，其出口规模由 2012 年的 2943 万美元下降到 2015 年的 2226 万美元。

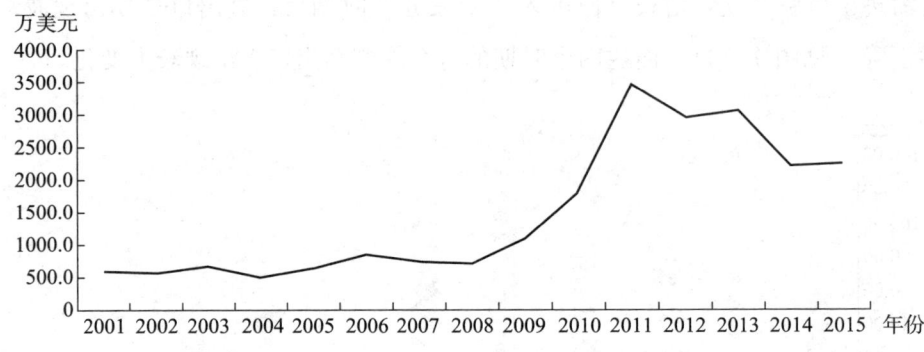

图 4-39 2001—2015 年青海农产品出口情况

资料来源：根据 2001—2015 年中国商务部统计数据计算整理所得。

2008—2015 年，青海出口贸易平均增速达到 25%，增长较快（见表 4-15）。其中，农产品出口波动较大，2008—2015 年出现过三次负增长，而且与全国农产品出口相比，经历了由高到低、先增后减的趋势。这一现象说明青海农产品生产组织化程度低，规模效应和聚集效应不高，资源优势发挥不足，农业经济在逐步退回到自产自销甚至自产不销的状态，这对青海农牧区摆脱国家财政依靠、提高农业经济的发展和农牧民收入十分不利。

表 4-15 2008—2015 年青海农产品出口状况

年份	青海农产品 (M)		全国农产品 (M1)		青海出口贸易额 (M2)		M/M1	M/M2
	出口值（亿美元）	增长率（%）	出口值（亿美元）	增长率（%）	出口值（亿美元）	增长率（%）	出口比重（%）	出口比重（%）
2008	0.06859	-4.71	401.9	9.80	4.1875	8.51	0.02	1.64
2009	0.10758	56.85	391.9	-2.49	2.5099	-40.06	0.03	4.29
2010	0.17752	65.01	488.7	24.70	4.6630	85.78	0.04	3.81
2011	0.34577	94.78	601.0	22.98	6.6182	41.93	0.06	5.22
2012	0.29429	-14.89	625.8	4.13	7.2984	10.28	0.05	4.03
2013	0.30463	3.51	671.1	7.24	8.4726	16.09	0.05	3.60
2014	0.21997	-27.79	713.4	6.30	11.2833	33.17	0.03	1.95
2015	0.22257	1.18	701.8	-1.60	16.4000	45.35	0.03	1.36

资料来源：根据青海统计年鉴和海关数据整理所得。

与全国农产品出口相比，青海农产品出口额占的份额很小，2001—2015年平均占比不到 0.03%，多数在 0.05% 以下，只有 2011 年出口最好时达到 0.06%，明显低于全国农产品出口平均水平，并且出口的占比波动也比较大：2001—2004 年农产品的出口占青海总出口比重在不断下降；到了 2004—2008 年，农产品的出口占青海总出口的比重一直保持较低状态；2008—2013 年，青海农产品出口开始快速上升，占比均高于全国平均水平，这与青海促进出口政策力度的加大和西宁生物园区一些农业龙头企业出口提升有密切关系，同时，也说明青海农产品未来出口具有一定的潜力。

近年来，青海的农产品出口性质都属于初级产品出口，出口类别主要有枸杞、冬虫夏草等（见表4-16），亚洲与欧洲是青海出口的主要市场。

表 4-16　2011—2015 年青海主要农产品出口额　　　单位：万元

年份	枸杞	冬虫夏草	山羊肉	其他干蚕豆
2011	1313	3034	682	1268
2012	2602	2660	1100	1062
2013	4217	2810	1219	910
2014	6132	1496	1240	530
2015	4152	2313	910	225

资料来源：西宁海关统计数据。

从整体来看，青海外贸经济发展滞后，外贸企业在 2015 年注册数不到 400 家，而开展进出口业务的企业不到一半，其中，经营农产品出口的企业规模都比较小，加之科技含量不高，难以满足国际市场对农产品质量标准的要求，致使青海农产品出口贸易发展缓慢，出口量起伏不定，效益不高，贡献值较低。

在这里，我们运用泰勒公式对传统的总量生产函数加以扩展，得到出口扩展型生产函数，测定青海农产品的出口贡献情况。

由于农产品出口会通过第一产业直接影响国民生产总产出，同时，还会间接从消费和投资等领域带动其他产业发展，从而对经济增长做出间接的贡献。因此，此处研究数据选取青海在 2001—2015 年农产品统计出口数据，出

口额记为 X；第一产业的固定资产投资额记为 K；第一产业年末的劳动人数记为 L；第一产业产值记为 Y。

首先，运用出口扩展型生产函数，得到：

$$Y = C_0 K^{C_1} L^{C_2} X^{C_3} \tag{4.1}$$

其次，对上述生产函数两边取对数，建立农产品出口与农业经济增长的回归方程式：

$$\ln Y = C_0 + C_1 \ln K + C_2 \ln L + C_3 \ln X \tag{4.2}$$

采用相关统计数据经过计算后，测出青海农产品出口对农业经济的产出弹性是0.3463。根据贡献值的计算公式：

$$贡献值 = 农产品出口弹性 \times 农产品出口额的增长率 \tag{4.3}$$

经过计算，2001—2015年青海农产品出口对农业经济发展的贡献情况如表4-17所示。

表4-17　2001—2015年青海农产品出口对农业经济发展的贡献情况　　单位:%

年份	农产品出口贡献率	年份	农产品出口贡献率
2001	5	2009	19
2002	−1	2010	22
2003	5	2011	30
2004	−8	2012	−6
2005	9	2013	1
2006	10	2014	−10
2007	−6	2015	1
2008	−5		

通过表4-17可以看出，2001—2015年，青海农产品出口对农业经济增长的平均贡献率为4.68%。可以看出，其出口贡献值是比较低的。而在"十二五"时期的平均贡献率要低于这个均值，且2011—2015年，农产品出口对农业经济的贡献率在持续走低。

2. "十三五"时期

与"十二五"时期青海进出口贸易不同，这一时期虽然历经青海产业结构调整和2020年全球经济下滑的影响,但整体农产品出口贸易发展状态良好,2017年出口的农产品总额达到3464万美元,比"十二五"时期农产品出口贸易规模最高时期的2015年青海农产品出口总额的2225万美元高出1239万美元。

青海农产品出口在"十二五"末的2015年出现高增长后,"十三五"时期出现波动上升,且上升速度高于"十二五"时期(见图4-40)。特别是,2017年,在青海出口总额下降了68.2%的情况下,青海农产品出口额比上年增长了104.1%,农产品出口占到青海出口总额的8.14%。由于2017年的高增长,2018年青海农产品出口额下降了45.1%,农产品出口只占青海出口总额的4.15%;2019年和2020年,在青海出口总额较上年分别下降35.1%、39.2%的情况下,青海农产品出口额在2019年较上年增长10.0%,占比达到青海出口总额的6.98%;2020年,青海农产品出口额较上年增长了9.4%,是青海出口总额的12.60%。通过以上分析可以看出,尽管"十三五"时期青海农产品出口总额比"十二五"时期有一定增长,但波动较大且增长缓慢,农产品出口额平均值维持在1.65亿元左右,同时,青海农产品出口额占青海出口总额的比重也不高。这使未来青海农产品出口贸易的可持续发展面临挑战。

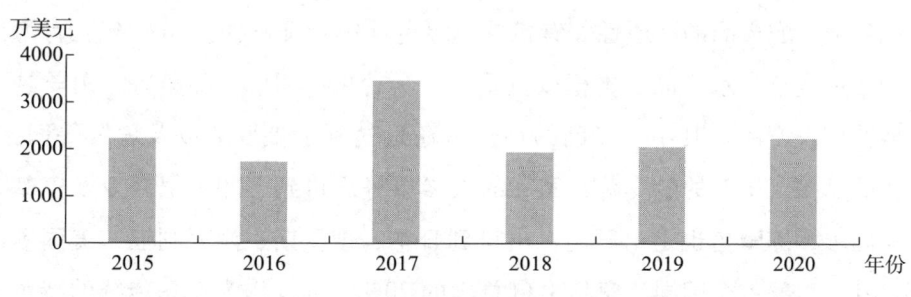

图4-40　2015—2020年青海农产品出口额

资料来源:根据青海统计年鉴2016—2021年相关资料整理所得。

青海虽有丰富的特色农产品资源,但出口规模较小。虽然"十三五"时期,青海农产品出口贸易有一定的发展,但出口效益不高,不仅在青海出口总额中占比较小,在农业经济发展中的贡献值也比较小。

如图4-41所示,青海农产品出口虽然有一定增长趋势,但出口额占农业产值的比重很低，年均只占到青海农业产值的0.81%。与全国相比，2019年，山东农产品出口额为178.90亿美元，占全国农产品出口额的比重为22.77%；与青海同属我国西部省份的云南，农产品出口额为47.83亿美元，占全国农产品出口额的比重为6.09%；与青海相邻的甘肃，农产品出口额为3.06亿美元，占全国农产品出口额的比重为0.39%；青海农产品出口额为0.21亿美元，占全国农产品出口额的比重为0.03%。可见，青海农产品出口贸易规模很小，这与青海农产品所具有的优势不相匹配。

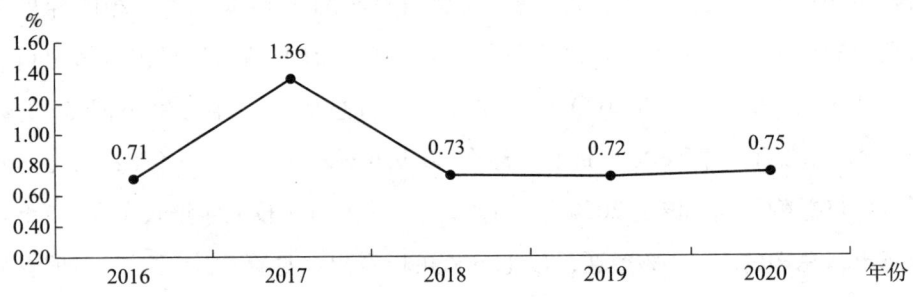

图4-41 2016—2020年青海农产品出口额占农业产值的比重

资料来源：根据青海统计年鉴相关资料计算整理所得。

然而，青海有独特的自然环境，有较为丰富的农产品资源，更有良好的生态环境，农产品的高原性、有机性、绿色性等特征鲜明。2020年，青海出口了冬虫夏草、水产品、枸杞以及蚕豆、马铃薯、胡麻、油菜籽、山羊绒等其他特色农产品。其中，互助的马铃薯还远销到了俄罗斯以及埃及等国家；循化的辣椒、乐都的紫皮蒜、民和的人参果等出口到了印度尼西亚及巴基斯坦等国家；冻鳟鱼也走出国门，出口到日本、俄罗斯、澳大利亚、美国等国家，其出口额占全国同类商品出口总额的20%。蚕豆作为青海传统的特色农产品主要出口日本、东南亚等地区。作为青海特色优势产业之一的枸杞，2020年出口欧洲，出口数量为383.400吨，其中，在德国和法国，枸杞出口数量分别达到102.036吨和70.360吨。

由此可以看出，青海农产品出口是具有一定优势和竞争力的。为了验证其竞争能力，此处采用产业竞争理论对青海农产品出口贸易发展进行分析。

在国际贸易中，各国产业的竞争力是一个国家的行业与其他国家的同行相比，在国际市场上满足消费者的需求、获得持续利益的能力，因此，产业竞争力是决定一个国家整个国际市场竞争力的最直接因素。

根据该理论，此处通过显示性比较优势指数、国际市场占有率、贸易竞争力指数对青海农产品出口的竞争力加以分析。

（1）显示性比较优势指数（RCA）分析。

显示性比较优势指数（RCA）用于分析一国相关行业的相对出口比较优势，又称为"出口绩效指数"。

显示性比较优势指数（RCA）计算公式为：

$$RCA_{ij} = (X_{ij}/X_{tj})/(X_{iw}/X_{tw})$$

其中：

X_{ij}——j 国的 i 产品出口值；

X_{tj}——j 国的总出口值；

X_{iw}——世界 i 产品出口值；

X_{tw}——世界总出口值；

$RCA_{ij}>1$——j 国的 i 产品具有显示性比较优势；

$RCA_{ij}<1$——j 国的 i 产品不具有显示性比较优势。

为了对青海农产品出口贸易的显示性比较优势进行测度和分析，依据上述相关研究理论，此处通过查找 2016—2020 年相关统计年鉴数据资料，运用 RCA 进行计算后得出的结果如图 4-42 所示。

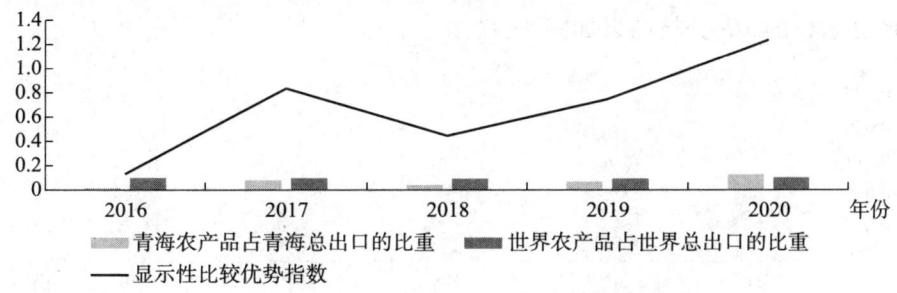

图 4-42　2016—2020 年青海农产品 RCA

资料来源：根据青海统计年鉴、WTO 数据库资料整理计算所得。

由图 4-42 可以看出，2016—2020 年青海农产品占青海总出口的比重分别为 0.013、0.081、0.041、0.070 和 0.126，平均比重为 0.0662，而这一时期世界农产品占世界总出口的比重 2016 年为 0.099，2020 年为 0.102，平均为 0.1005，年均变化不大。由此可知，青海农产品出口贸易 RCA 在 2016 年为 0.131。2017 年由于青海农产品出口贸易达到历史最高的一个峰值而青海总出口贸易并不高，因此其显示性比较优势较高，为 0.835。此后，青海的农产品出口贸易显示性比较优势分别是：2018 年为 0.445；2019 年为 0.745；2020 年，虽然我国受到全球经济下滑的不利影响，包括青海在内，出口贸易出现大幅下滑，但青海农产品出口贸易仍保持了向上发展态势，因此，这一年的农产品出口显示性比较优势为 1.235，为历年最高，说明这一年的青海农产品出口贸易是具有显示性比较优势的。

（2）国际市场占有率（MS）分析。

国际市场占有率（MS）是一国出口额在国际市场中占有的比例，可反映一国某产业或产品的国际竞争力或竞争地位。该比例越高，则说明该国的产业或产品的出口竞争力越强。

国际市场占有率（MS）的计算公式为：

$$MS_{ij} = X_{ij} / X_{wj}$$

其中：X_{ij}——i 国 j 产品出口额；

X_{wj}——世界 j 产品的出口额。

为了进一步分析青海农产品出口国际市场的占有率情况，以下运用 2016—2020 年相关统计年鉴的数据资料，依据上述相关研究理论，针对青海农产品出口的 MS 分析结果如图 4-43 所示。

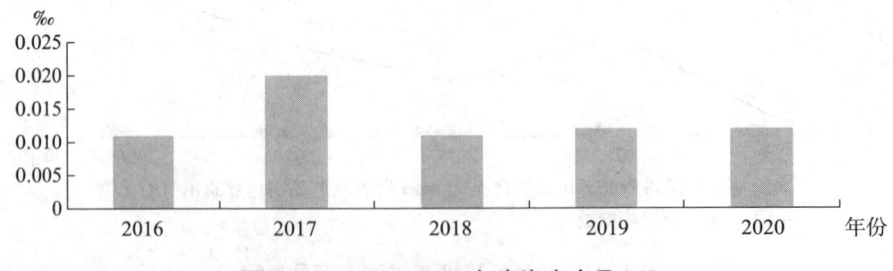

图 4-43　2016—2020 年青海农产品 MS

资料来源：根据青海统计年鉴、国研网数据库相关数据资料计算整理所得。

由图 4-43 可知，2016—2020 年，青海农产品出口额与世界农产品出口额相比，其比重年均只有 0.013‰。由此可见，青海农产品的出口规模很小，在全球贸易中，不具备竞争力。

（3）贸易竞争力指数（TC）分析。

贸易竞争力指数（TC）反映的是一国进出口贸易的差额占进出口贸易总额的比重，也就是一国某产业或产品的净出口与该产业或产品进出口总额的比值。该指数综合考虑了进出口两个指标，可以反映一国产业在国际市场上的竞争能力。

贸易竞争力指数（TC）的计算公式为：

$$TC = (X_e - X_i)/(X_e + X_i)$$

其中：

X_e——一个国家（地区）的出口总额；

X_i——一个国家（地区）的进口总额。

当 TC 在 -1 和 1 区间，越接近 1 时，表明该产业或商品国际竞争力越强；当这个指标为负值，越接近 -1 时，表明国际竞争力越弱。也就是 TC 在 0 和 1 区间，说明出口的产业或商品具有贸易竞争优势；如果 TC 在 -1 和 0 之间，则意味着该国是净进口国，出口存在着竞争劣势。

为了进一步对青海农产品出口贸易的竞争力指数进行分析，通过查找 2016—2020 年青海统计年鉴的资料，依据上述相关研究理论，对青海农产品的国际竞争力水平分析如图 4-44 所示。

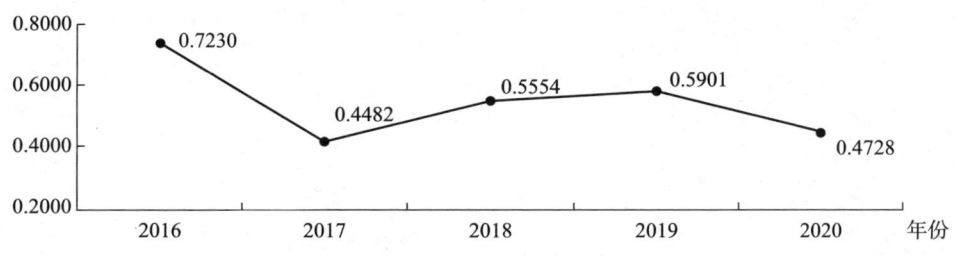

图 4-44　2016—2020 年青海农产品国际贸易竞争力指数

资料来源：根据青海统计年鉴相关数据计算整理所得。

青海农产品对外贸易一直处在顺差状态，进口的农产品数量较少。从图 4-44 可以看出，2016—2020 年，青海农产品的 TC 在 0 到 1 之间，说明青海农产品的出口具有一定的贸易竞争力，积极发展特色农产品出口具有一定的国际贸易竞争优势。但由于进出口规模很小，2016—2020 年净出口年均 1587.4 万美元，其规模量、竞争水平还需进一步提升。

由此可见，青海依据良好的农牧业资源和生态环境，生产的农产品在国际市场上具有一定的贸易竞争力。但由于农产品的贸易规模体量小，其在国际市场上的整体占有量微乎其微。然而，青海的特色优势产品如冬虫夏草、枸杞、冻鳟鱼等在国际市场上仍有较好的出口表现。2020 年，青海的特色农产品枸杞、冬虫夏草在青海农产品出口中的比重分别达到 19% 和 32%，两者相加在青海农产品出口中占比 51%。除此之外，冷冻虹鳟鱼在水产品的出口中位居全国第三，这也使青海农产品出口贸易的显示性比较优势逐步显现。因此，青海农牧民专业合作经济组织在未来发展中应集中优势资源，积极开拓国际市场，整合发展优势特色农产品的出口贸易，以提升发展水平和发展空间。

第五章

青海农牧民专业合作经济组织发展类型和特点

进入 21 世纪，伴随青海农牧业发展方式的转变和农牧区经济结构的调整，特别是由于农牧业的提质增效、产业化发展进程的不断加快，农牧民专业合作经济组织发展快速。从整体来看，青海农牧民专业合作经济组织发展过程经历了两个重要时期。第一个是起步发展时期（2008—2015 年），这一时期的农牧民专业合作经济组织数量急剧扩大，但比较零散，单个组织规模较小；第二个是整合成长时期（2016—2020 年），这一时期合作组织内部规模和发展能力逐渐增强，规范性、适应性得到提高。以下将对这两个时期青海农牧民专业合作经济组织发展的主要类型和特点进行分析。

一、主要类型及作用

青海广阔而独特的地域环境和较为丰富的生物资源，造就了农牧民合作经济组织较强的专业性，如都兰农旺青稞专业合作社、湟中县小寺沟蔬菜种植专业合作社、大通县赢鑫牛羊育肥专业合作社、同仁县创业唐卡专业合作社、共和县青海湖红枸杞种植专业合作社、循化县裕牧牛羊繁育专业合作社、称多县拉布乡格拉车索生态畜牧业合作社、海东市乐都区生举大蒜种植专业合作社等。

在青海，由于农牧区资源禀赋和经济条件的差异性，农牧民生产和合作方式各不相同，各地区以多样化组织形式，依据各自的生产特点和当地经济条件、市场发育状况等,形成多种类型的合作组织。与我国大部分地区一样,青海农牧民专业合作经济组织按发起人分类,可以分为:能人带动型、专业大户带动型、龙头企业带动型、基地带动型、基层农技推广部门牵头型、农村供销社牵头兴办型等多种形式。在组织方式上,大多是以松散型方式相结合,合作内容以生产技术、信息服务为主,其运营环节主要集中在生产领域,针对农牧民生产必需的环节,开展技术、信息服务和简单产销合作等经济活动。

在此基础上,由于青海是多民族聚集区,也是我国五大牧区之一,草地面积广阔,畜牧业发展历史悠久。自2008年起,青海在牧区开始实施生态畜牧业合作组织建设工作,目前青海农牧民专业合作经济组织形式主要有两种类型,一种是以农业区为主实施的农民专业合作社,另一种是以牧业区为主实施的生态畜牧业合作社。

(一)农民专业合作社

(1) 起步发展时期(2008—2015年)。

我国在1993年第八届人民代表大会第二次会议上通过了《中华人民共和国农业法》,并于2002年12月进行了修订。修订后的《中华人民共和国农业法》中第十一条明确提出"国家鼓励农民在家庭承包经营的基础上自愿组成各类专业合作经济组织",同时,对农民专业合作经济组织的设立、服务宗旨等提出了明确要求。2003年3月,这部农业大法在全国开始实施。而这部法律的实施也成为青海农牧民专业合作经济组织发展的重要基础。当年6月,青海第一个位于湟中县拦隆口镇扎什营村的农民合作组织——湟中县辽青油桃种植专业合作社,在湟中县食品药品和市场监督管理局登记注册,开始了油桃种植、苗木繁育、信息服务等生产经营活动。

与此同时,2009年,青海出台了《关于促进农牧民专业合作社发展的意见》,制定了青海农村牧区创办农牧民专业合作社的发展目标和发展重点,提出了加大财政资金扶持力度、落实各项税费优惠政策、加大项目支持力度、完善运作机制、抓好示范引导工作等建设要求,积极促进了青海农牧民专业合作经济组织的建设和发展。

据统计，截至 2016 年 8 月，青海各类农牧民专业合作经济组织从 2005 年的 257 户发展到 14500 户，增加了 55 倍多，注册资金已达 507 亿元。其中，西宁市登记 3674 户、注册资金 59.0 亿元；海东市登记 5249 户、注册资金 328.0 亿元；海西州登记 1488 户、注册资金 34.0 亿元；海北州登记 1090 户、注册资金 22.6 亿元；黄南州登记 654 户、注册资金 18.0 亿元；果洛州登记 373 户、注册资金 19.7 亿元；玉树州登记 585 户、注册资金 6.0 亿元。青海农牧民专业合作经济组织在数量上不断增加，覆盖面不断扩大，涉及种植、养殖、农业技术、加工服务等各个领域，有近 40%的农牧户参与了合作经营和联合经营，合作组织呈现出逐年递增的趋势（见表5-1）。

表 5-1　2008—2015 年青海农牧民合作组织数量统计　　单位：户

年份	西宁市	海东市	海西州	海北州	海南州	黄南州	玉树州	果洛州	合计
2008	218	214	171	28	19	1	5	3	659
2009	411	427	289	87	67	10	13	14	1318
2010	691	780	440	303	190	45	36	58	2543
2011	940	1170	624	434	387	92	158	163	3968
2012	1245	1791	780	569	548	179	202	174	5488
2013	1731	2636	978	713	773	348	233	205	7617
2014	2307	3778	1200	807	985	479	312	216	10084
2015	2951	4650	1404	934	1196	593	452	348	12528

资料来源：根据青海省市场监督管理局 2008—2015 年统计数据整理所得。

由表 5-1 可以看出，青海农牧民专业合作组织自开展注册登记工作的 8 年时间内，年均增长率为 52.31%。

改革开放后，我国以能人带动型和专业大户带动型为主的农民合作组织快速发展。随着《中华人民共和国农业法》的颁布，青海也在 2004 年出台了《关于加强农村牧区专业经济协会登记管理和培育发展工作的指导意见》。自此，青海新型农民合作组织逐步发展，特别是 2008—2015 年，农牧民专业合作经济组织发展数量明显增加，模式日趋多样。其中，以东部农业区为代表的农民专业合作社发展快速，成为促进现代农业发展的重要力量。

表 5-2 2008—2015 年青海农民专业合作社数量统计　　　　单位：户

年份	西宁市	海东市	海西州	海北州	海南州	黄南州	玉树州	果洛州	合计
2008	210	213	160	26	15	1	4	2	631
2009	404	424	271	75	61	9	7	13	1264
2010	682	770	381	268	149	29	11	23	2313
2011	926	1152	528	362	292	51	127	101	3539
2012	1218	1744	669	473	409	121	159	101	4894
2013	1692	2548	846	600	616	263	178	117	6860
2014	2262	3673	1043	678	812	362	248	119	9197
2015	2898	4503	1226	783	1002	427	379	238	11456

资料来源：根据青海省市场监督管理局 2008—2015 年统计数据整理所得。

由表 5-2 可以看出，2008—2015 年青海以东部农业区为主的农民专业合作社年均增长率为 51.31%，以农业为主的东部西宁市和海东市的农民专业合作社达到青海全部农民合作社的 64.6%，且增长较快。

青海农牧民专业合作经济组织顺势而发、积极开始的起步建设，对青海在这一时期农牧区经济享受政策红利，促进农牧区经济发展，调动农牧民生产积极性，提升农牧民组织化程度，增加农牧民收入，乃至保护生态环境、抵御自然和市场风险等都起到了积极的促进作用。

（2）整合成长时期（2016—2020 年）。

我国农民合作组织的发展历经初级社、高级社等早期发展，直至新型农民合作社开始建设，农民在生产等经营领域的合作、合作社依法管理等方面存在诸多问题。虽然经过了新型农民合作组织的起步发展时期，但包括青海农牧民专业合作经济组织在内，我国农民合作组织仍然存在各种管理及经营不可持续等问题。对此，国家从制度法规、审核评估等各个方面进行政策引导和规范管理。2014 年，国家工商总局发布了《农民专业合作社年度报告公示暂行办法》，紧接着农业部、国家发展改革委、财政部等全国农民合作社发展部际联席九部门联合下发了《关于引导和促进农民合作社规范发展的意见》，由此开始实施合作社年度报告制度，加大农民合作社规范化监管力度。各项政策扶持的重点更加倾向于运行规范的农民合作社。

为了加大监管、规范力度，自 2015 年开始，我国相关部门对各地农民合作社广泛开展普查摸底和备案工作，编制所辖各地优先扶持的农民合作社目录，要求所有合作社通过企业信用信息公示系统，定期向工商部门报送年度报告，对其年报信息加以公示、抽查、监测，实施动态管理和年度公示。劝退有名无实的"空壳社"，对一些达不到规范化要求的合作社，在承担财政投资项目和政府相关扶持政策等方面不予考虑，采取优先投向列入政府优先扶持目录的合作社的方式进行财政支持，包括青海农牧民专业合作经济组织在内的农民合作组织开始由只重数量向既重数量又重质量的道路发展。

这一时期的青海农牧民专业合作经济组织也开始加大了政策落实、引导和监管力度，发展数量和质量逐步提高。

2016—2020 年，青海农牧民专业合作经济组织发展依然处于上升态势，2020 年已经发展到 19353 户，但增长速度明显减缓，年均增长率只有 6.26%。同时，其数量仍然集中在东部农业区，其中，西宁市和海东市数量达 12531 户，占总数的 64.75%（见图 5-1）。

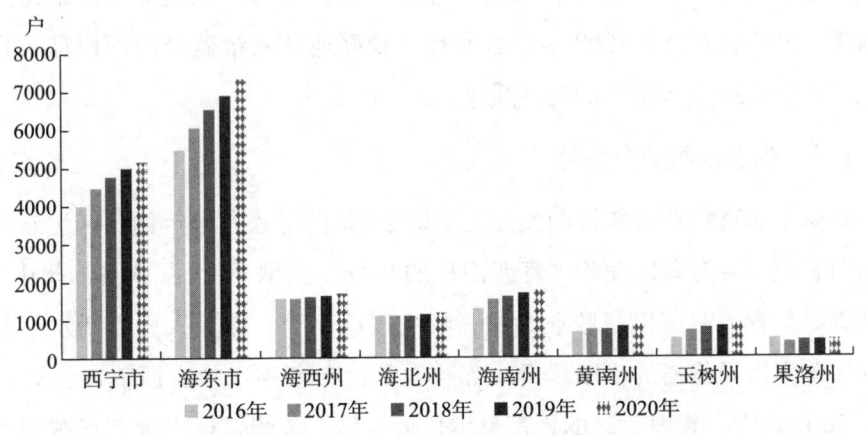

图 5-1　2016—2020 年青海农牧民专业合作经济组织数量统计

资料来源：根据青海省市场监督管理局相关统计数据整理所得。

2016—2020 年，青海农民专业合作组织发展呈上升趋势，年均增长 6.47%，略高于整体农牧民专业合作经济组织的增长速度，且 2020 年西宁市和海东市,仍然是青海农牧民专业合作经济组织发展的主力(见图5-2)。

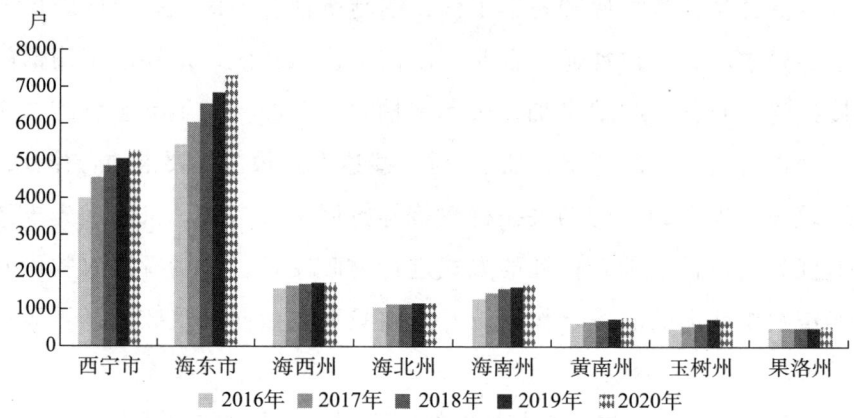

图 5-2 2016—2020 年青海农民专业合作组织数量统计

资料来源:根据青海省市场监督管理局相关统计数据整理所得。

这一时期农牧民专业合作经济组织顺应青海农牧区经济发展的形势和要求,在相关政策的监管和引导下,发展数量、质量逐步提升,有效提高了青海优势农业资源的整合能力,提升了青海农业经济发展、农产品的规模化经营等水平。同时,对一些有名无实、流于形式、运行不规范的合作组织进行了清理,5 年中注销了 1000 多户合作社,较好地从政策监管层面保证了青海农牧民专业合作经济组织的发展质量。

(二)生态畜牧业合作社

青海生态畜牧业合作社的设立主要源于 20 世纪八九十年代藏区生态环境的不断恶化。青海藏区面积占青海面积的 98%,全国 10 个藏族自治州中有 6 个在青海。青海藏区以畜牧业为主,牧民逐草而居。随着人民生活水平的提高和牛羊肉市场价格的不断攀升,养殖数量也在逐年增加。据统计,从 1949 年到 20 世纪末,青海牧区的牲畜量增长近 3 倍,各州普遍出现草场载畜量超载现象。例如,资料显示,1985 年,黄南州理论载畜量为 391.24 万个羊单位,平均 7.86 亩草场可饲养 1 个羊单位,据此推算,该州草场从 1975 年开始就已经超载。1990 年末,该州存栏各类牲畜 205.25 万头(只),折合羊单位 428 万个,可利用天然草场 2521 万亩,按理论载畜量超出 34.72 万个羊单位。

由于草场载畜量超载，缺乏有效的保护措施，青海近一半草地出现不同程度的退化，黑土滩、沙化面积增大（见图5-3）。尤其在青南地区，果洛州部分县域草原沙化面积达70%以上，其中，近400亩草场变成不毛之地，致使果洛州纯牧业县——玛多县，这个曾是20世纪80年代全国"三连冠"的首富县有38%的牧民沦为生态难民。生态环境的恶化，不仅使部分牧民失去了基本的生产生活场所，青海畜牧业发展也面临严峻的挑战。

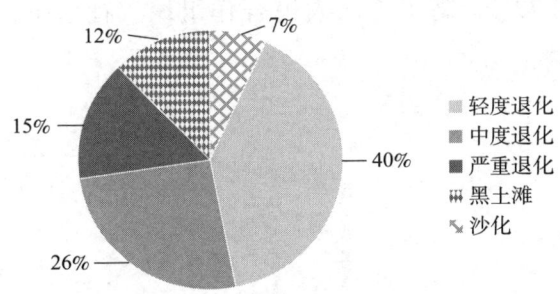

图5-3　青海草场退化情况

青海是我国五大牧区之一，由于坐拥我国长江、黄河、澜沧江三大河流的源头，还是我国乃至世界重要的水源地，生态地位极端重要。为了遏制不断恶化的生态环境，青海从2003年开始启动退牧还草工程，并从2008年起，按照"禁牧不禁养、减畜不减产、减畜不减收"的总体要求，启动生态畜牧业建设试点工作，在玉树州、果洛州、黄南州、海南州、海北州5个藏族自治州和海西蒙古族藏族自治州取7个牧业村，进行生态畜牧业建设试点工作，面积占青海总面积96%的牧区6个州，按照先行试点—示范推广—全面提升的思路，开始了生态畜牧业建设工作。

在试点的基础上，从2010年起，以组建生态畜牧业合作经济组织为载体的生态畜牧业建设工作在青海开始全面推进。生态畜牧业合作组织与农民合作组织一样具有自愿性、民主性和互助性，同样是在农村家庭承包经营基础上设立的农村经济组织，不同的是，生态畜牧业合作组织是以农牧户为主体，以生态保护为己任，以牧区畜牧业为主开展生产经营活动。为使草地保护与生态维护、牧民增收协调进行，2011年，我国实施了草原生态补助奖励政策，这为生态畜牧业合作组织的发展提供了保障。按照探索推进—提高完善—巩固提升的步骤，经过试点，生态畜牧业合作组织在青海牧区开始全面实施。到 2015 年，生态畜牧业合作组织已在青海牧区 30 个县 883 个纯牧业村实现覆盖（见图 5-4）。据青海省农牧厅统计，截至 2016 年 7 月底，在农牧厅备案、接受指导的生态畜牧业合作组织达到 961 户，约有 11 万多牧户加入畜牧业合作社，占到建设村全部牧户总数的 63%，牧户的入社率也达到 72%，高于青海农民合作组织入社水平，牲畜整合率达 67%，草场整合率达 66%。

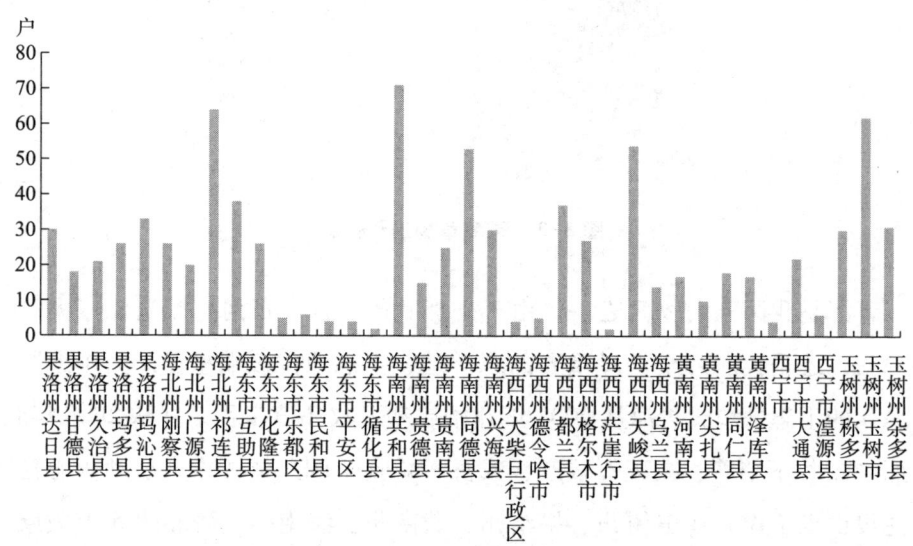

图 5-4　2015 年青海生态畜牧业合作社分布情况

资料来源：根据青海省市场监督管理局 2015 年统计数据整理所得。

与青海农牧民专业合作经济组织发展一样，青海生态畜牧业合作经济组织也经历了由快到慢的发展历程，从最初的试点—全省牧区覆盖—快速的初期发展，在 2010—2015 年的短短 5 年时间内，青海牧区的生态畜牧业合作组织得到迅速建立和发展；而在 2016—2020 年，随着对农牧民专业合作经济组织规范化管理力度的加大，生态畜牧业专业合作组织发展速度放缓。2016—2020 年青海生态畜牧业专业合作社分布及规模如图 5-5 所示。

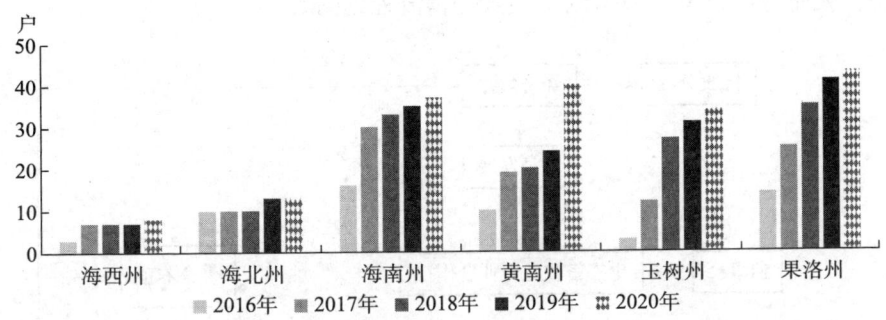

图 5-5　2016—2020 年青海生态畜牧业专业合作社分布及规模

资料来源：根据青海省市场监督管理局统计数据整理所得。

2016—2020 年，西宁市和海东市没有生态畜牧业合作组织的注册登记，其余牧区，2016 年只登记注册了 56 户生态畜牧业专业合作社，到 2020 年为 175 户。虽然总量较少，但从各地区来看，数量还是在增加，如海南州、黄南州、玉树州、果洛州 4 个地区，2016 年分别注册了 16 户、10 户、3 户、14 户生态畜牧业专业合作社；到 2020 年分别增加到 37 户、40 户、34 户、43 户，年均增长率分别达到 23.32%、41.42%、83.48%、32.38%。可见，青海生态畜牧业专业合作社仍然呈现逐年增加态势。

生态畜牧业合作经济组织在维护草场、保护牧区生态环境、提高农牧民收入方面发挥了积极作用。在牧区，以股份合作社的理念和组织形式，分阶段、分步骤开展合作组织建设工作。

第一，在保证入社牧户草场承包经营权和对牲畜所有权不变的前提下，按照自愿原则，以行政村（牧委会）为单位，动员牧民组建生态畜牧业合作社，入社牧民牲畜和承包经营的草场，作价入股到合作社实行统一经营，实行按股分红。第二，在保障草畜平衡的前提下，合作社对入股草场统一划区，牲畜按类分群，实行划区轮牧。第三，合作社理事会择优选定放牧员，订立放牧责任合同，依据放牧效果实行奖罚。第四，合作社对不再从事放牧工作的牧户，按照入股数量在确保其获得稳定股份收入的同时，结合青海同步实施的游牧民定居工程，积极动员这些牧户，利用各自所长，到城镇从事第二、第三产业，或者由合作社统一组织进城务工，从事非牧产业，增加收入。青海生态畜牧业合作组织"股份制"模式经营流程见图 5-6。

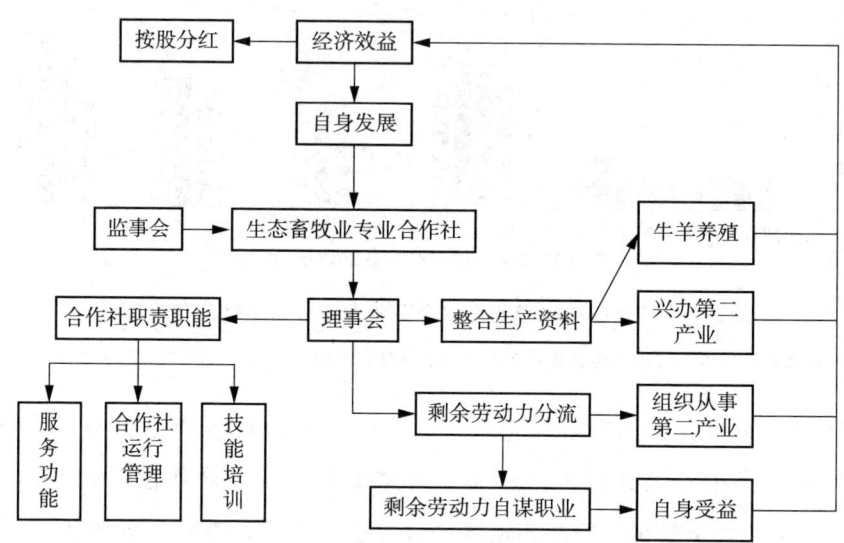

图 5-6　青海生态畜牧业合作组织"股份制"模式经营流程

这种方式最初由海西州新源镇梅陇村开始，推广到青海所有牧区，成为生态畜牧业合作组织建设的基本模式。从目前来看，生态畜牧业合作组织的建设使青海牧区生产、组织、经营和分配方式发生了根本转变，对实施减畜减人与草畜平衡，进而保护生态，实现牧业增效，促进牧民增收，实现生态平衡的畜牧业建设目标起到了积极作用。2014 年，农业部正式批复在青海设立全国草地生态畜牧区。在此基础上，通过青海大学等科研院校的努力，牧区黑土滩治理等取得积极成效。截至 2015 年，青海人工草地面积达到了 47 万公顷，使青海牧业经济在减少牲畜饲养量 570 万个羊单位的情况下保持了平稳发展，对当地生态、经济、扶贫等起到了积极的作用，促进了牧区生产和社会建设良性发展。

案例：青海省海北州海晏县哈勒景乡永丰村是一个以畜牧业为主的纯牧业村。这里的高原藏区牦牛繁育养殖专业合作社成立于 2010 年，随着合作社经营的发展，社员由原来的 5 户增加到最多时的 51 户，在原有占地 30 亩的基础上，又流转土地 50 亩，发展标准化养殖小区建设。合作社经营自繁自育乳牛260头，基本实现一年一胎，目前有基础母牛近400头，年出栏牦牛1000多头，销售收入达到近1600万元，纯利润在10%以上；舍饲养殖，每年分两批出栏，年出栏2000头左右；青饲草种植基地3000亩，其中，1000亩左右用于自身经营，2000亩青饲料对外出售。2020年，合作社资产总额已经达到2000万元左右，成为当地养殖规模最大、技术实力最强、带动范围最广的优质牦牛舍饲基地。

该合作社自成立以来，采用"合作社+公司+基地+牧户"的牦牛产业化生产格局，在生产经营、管理、效益和带动成员方面取得了显著成效，成为当地牦牛养殖、贩运、自育的"领头羊"。该合作社带动100多户牧户发展牦牛养殖业，户均出售牦牛5头，收入2万元；间接带动饲草种植户100多户，户均种植饲草料30亩，增加收入7200多元；每年还用人工近500人次，为周边其他农户增收300元左右。根据当地实际情况，该合作社精准扶贫建档立卡贫困户26户，每年年底为其分红1000元，直接帮扶特困户1户，每年年底为其分红6000元。我们去调研时，该合作社正在为当地贫困户和社员进行年底分红。

青海农牧民专业合作经济组织的不断发展，给青海农业经济、农村发展和农牧民增收带来了深远且深刻的影响与变化，成为农牧业产业化发展、现代化经营和实现农牧民脱贫致富的有效途径。通过实施青海农牧民专业合作经济组织模式，较为充分地发挥了青海的气候、资源优势，在一定程度上优化了青海农业产业结构，以合作社为平台，推动了农牧业产业化水平的提升；通过组建农牧民专业合作经济组织，积极引导农牧民以合作的方式，解决农牧户小生产与大市场的矛盾，让农牧民以集体的身份进入市场，提高了其农产品在交易中的组织化、规模化程度；农牧户加入专业合作组织后，不仅避免了个体交易的不确定性，有效减少了青海地广人稀、自然环境艰苦面临的农牧业发展客观难题，而且在抵御自然灾害、防病减灾、技术推广、品牌建设等方面有了更好的平台，增强了农牧民抗风险能力，拓宽了增收渠道；农牧民专业合作社与农牧户签订的合作契约，使农牧户与专业合作经济组织间形成一种稳定的交易关系，降低了农牧民为每次交易必须支付的信息成本，在一定范围内保证了农牧业生产经营的计划性和可持续性;农牧民专业合作经济组织的实施,有效整合了农牧业资源,优化了农牧业资源的配置,使生态保护得到全面推行,改善了农牧区生活和生产环境,保障了青海"生态立省"战略的实施。

二、青海农牧民专业合作经济组织发展基本特点

凭借独特的冷凉气候和纯净的自然环境,青海逐步确立了特色农牧业发展新模式,为农牧民专业合作经济组织的发展奠定了基础。近年来,依托高原特色农作物及牲畜,青海农牧民专业合作经济组织围绕油菜、马铃薯、蚕豆和牛羊肉、奶牛等优势农畜产品,不断优化布局、调整结构、拓宽服务领域,加快土地流转,引导特色优势产业培养主导产品,集中规模经营,走可持续发展道路,使青海农牧民专业合作经济组织发展呈现出产业化、规范化不断提升,规模不断扩大的良好发展态势。

(一)发展速度由快放缓

进入21世纪,我国新型农民专业合作组织的建设为青海农牧民专业合作经济组织的发展带来了契机,青海的农牧民专业合作经济组织无论在数量还是在人员、资金规模上,都得到快速发展。

在青海,自2003年6月湟中县辽青油桃种植专业合作社成为第一家在册登记的农民专业合作社起,青海农牧民专业合作经济组织逐步发展,尤其是2007年以来发展快速,近10年年均增加1208户。

在青海农牧民专业合作经济组织数量高增长的前10年中,据原青海省农牧厅统计,截至2015年底,合作组织成员达53.620万人,近5年年均增长26.45%;合作社带动非成员农户25.78万户,近5年年均增长11.09%,占当年农村人口的27.06%(见表5-3)。据统计,到2016年6月底,在市场监督管理部门登记注册的农牧民专业合作经济组织已达14219个,同比增长25.4%,出资总额达229.3亿元。这一数据是2011年前青海农牧民专业合作经济组织总数量的5.6倍。

第五章 青海农牧民专业合作经济组织发展类型和特点

表5-3　2011—2015年青海农牧民专业合作经济组织基本情况

情况类别	年份					年平均增长率（%）
	2011	2012	2013	2014	2015	
农牧民专业合作经济组织数量（个）	3145	3820	5591	6719	8876	29.61
农牧民专业合作社成员数（万人）	20.970	23.130	33.210	42.548	53.620	26.45
农牧民专业合作社带动非成员农户（万户）	16.93	17.96	24.80	23.25	25.78	11.09

资料来源：根据青海省农业农村厅统计资料整理。

近年来，青海省农业农村厅加大对农牧民专业合作经济组织的培育力度，从表5-3可以看出，青海农牧民专业合作组织在数量上不断扩张，呈现出逐年递增的趋势，在原青海省农牧厅备案的数量也在不断增加。

相对于前期的快速增长，2016—2018年，青海农牧民专业合作经济组织发展出现边规范边平缓增加的趋势（见图5-7）。

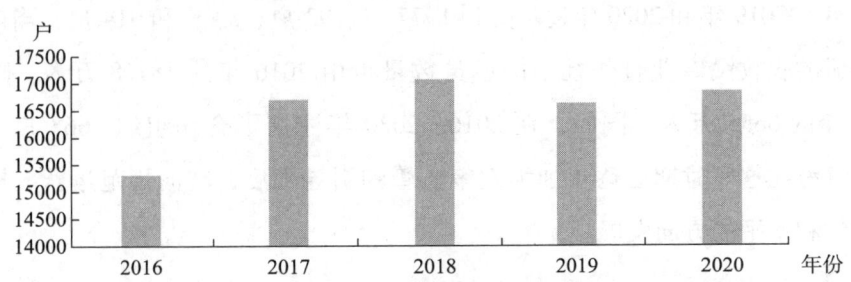

图5-7　2016—2020年青海农牧民专业合作经济组织发展规模

资料来源：根据青海省市场监督管理局统计数据整理所得。

从图5-7可以看出，2016—2020年青海农牧民专业合作经济组织发展速度逐步放缓，年均增长率为2.43%。据青海工商行政管理局统计，仅在2020年，青海就清理注销了777个农牧民专业合作经济组织，为历年最多的一次，进一步推进了农牧民专业合作经济组织的规范运行。

虽然2016—2020年青海农牧民专业合作经济组织发展速度逐步放缓，但在这5年间，青海农牧民专业合作经济组织成员数量基本维持在13.0万人以上，年均增长率为 1.61%（见图 5-8）。

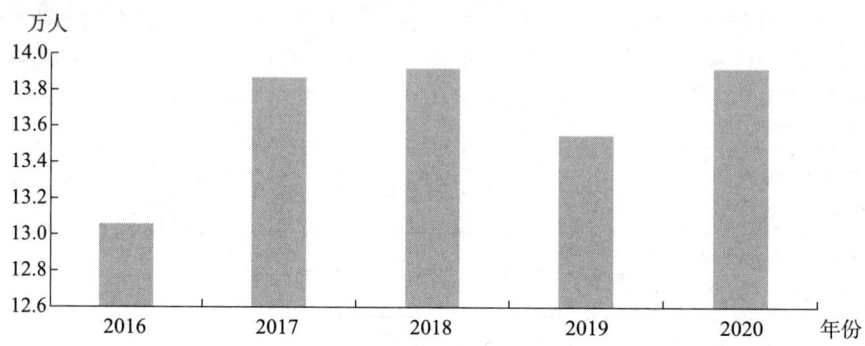

图 5-8　2016—2020 年青海农牧民专业合作经济组织成员规模

资料来源：根据青海省市场监督管理局统计数据整理。

青海农牧民专业合作经济组织在 2011—2020 年经历了前 5 年的高速增长后，从 2016 年起逐步放缓（见图 5-9）。据青海市场监督管理局统计，当期登记注册的农牧民专业合作经济组织，2016 年为 2983 户，随后在 2017 年、2018 年、2019 年和 2020 年逐步降到 1977 户、93 户、54 户和 914 户。当期登记注册的农牧民专业合作社中的成员数量也由 2016 年的 18768 万人，降到 2020 年的 6655 万人。同时，在 2016—2020 年注销了合作组织 1662 户。可见，青海在这一时期已逐步加大政策监管和引导力度，转向规范运营、提升其质量和水平的方向发展。

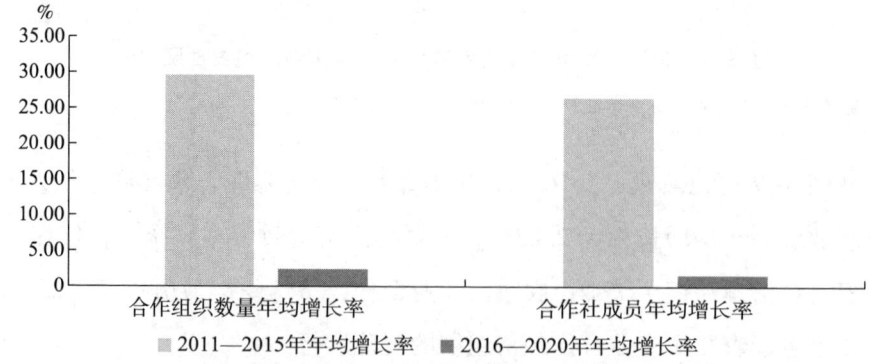

图 5-9　2011—2020 年青海农牧民专业合作经济组织数量及成员增长情况

资料来源：根据青海省市场监督管理局统计数据整理所得。

随着青海农牧民专业合作经济组织在总体数量上的增加，一些地区也出现合作社规模小、市场竞争力薄弱等问题，青海借鉴省外做法，开始组建联合社。如由都兰县3家枸杞生产合作社组成的都兰信民枸杞专业合作社联合社，由西宁城北区7户合作社组成的西宁农集力产销农民专业合作社联合社等。

案例：2014年，青海第一家联合社青海青草现代农牧业专业合作社联合社成立。这是由大通县百灵特种养殖专业合作社、君豪原生态土鸡养殖专业合作社、录明养殖专业合作社、成邦养殖专业合作社、绿丰养殖专业合作社等5家专业合作社组成的联合社。这几家合作社先后成立于大通县西北部脑山地区的5个村，主要从事养殖生产。虽然经过几年的发展已初具规模，但在生产经营过程中，暴露了由于各自规模小，资金供应不足，货物供应质量、数量和及时性等不能保障，广告宣传不到位，品牌建设跟不上等弊端。为此，由现任联合社理事长袁录明牵头组成联合社，开展统一管理和经营，将资金、品牌、品种、饲料、防疫、销售等统一规划、合理布局、分散经营，充分发挥联合社作用，在当地农业资源有效整合、技术推广、农村电商甚至扶贫等方面发挥了积极作用，带动了全县19个乡镇，辐射到2300多户农民，联合效应正在初步显现。之后，海西青藏牧神农牧专业合作社联合社、湟源强民农牧业专业合作社联合社、贵德县民富农牧业专业合作社联合社、青海众垚鑫现代农牧业专业合作社联合社等相继成立。

据青海市场监督管理局统计，截至2020年，青海农牧民专业合作经济组织联合社发展到153户，主要开展农产品的生产、销售、加工、运输、贮藏及其他相关服务。为提高相关企业在农牧民专业合作经济组织中的参与度，2018年，青海又开展了鼓励一些有条件的农牧业产业化龙头企业创建牦牛、藏羊、青稞等特色产业相关联合体的工作。截至2020年，青海已有40家农牧业产业化的联合体，联合体中有相关经营主体近470个。这些联合社、联合体对青海农牧民专业合作经济组织的产业化发展起到了积极作用。

（二）组织类型多样

青海农牧民专业合作经济组织在发展过程中，结合当地实际，发展和创新各具特色的多元化组织类型，合作组织发展呈现出类型多样的特征。在发展较为快速的2011—2015年，青海农牧民专业合作经济组织在种植和养殖的各个运营环节都开展了专业化服务，服务领域呈现多样性的特征（见表5-4）。

表5-4 2011—2015年青海农牧民专业合作经济组织经营业务范围   单位：户

经营业务范围	年份					平均户数
	2011	2012	2013	2014	2015	
以农资购买为主	63	31	52	36	140	64
以农产品销售为主	242	77	133	83	362	179
以农产品加工为主	66	38	55	70	130	72
以农产品运输为主	9	9	11	4	42	15
以农产品储藏为主	14	26	37	12	104	39
以技术、信息服务为主	118	67	113	72	280	130
以种植业为主	1178	316	461	2418	1590	1193
以养殖业为主	1823	342	514	3671	1626	1595
其他	643	4591	4935	3590	8263	4404
合计	4156	5497	6311	9956	12537	

注：数据截止日期均到次年3月。
资料来源：根据青海省市场监督管理局统计年报整理所得。

整体来看，青海农牧民专业合作经济组织从事的主要业务活动在产业链两端较多，中间较少，并主要集中在种植、养殖领域，占比近40%，绝大多数合作组织经营业务在两种以上，近2/3的专业合作组织业务范围覆盖多个层面，辐射带动周边农民增加收入。

进入2016年后，青海农牧民专业合作经济组织经营业务依然保持多样性特征，也就是除了涉及主要的种植、养殖领域外，还涉及加工、储藏、技术服务等多个领域，只是总体数量发生了变化，如图5-10所示。

从图5-10可以看出，2016—2019年青海农牧民专业合作经济组织中，以种植业为主的合作组织从2016年的2547户发展到2019年的3729户，年均增长13.55%；以养殖业为主的合作组织从2016年的2537户发展到2019年的3303户，年均增长率9.19%。两者的年均增长率均较2011—2015年的年均增长率高,且发展较为稳定。

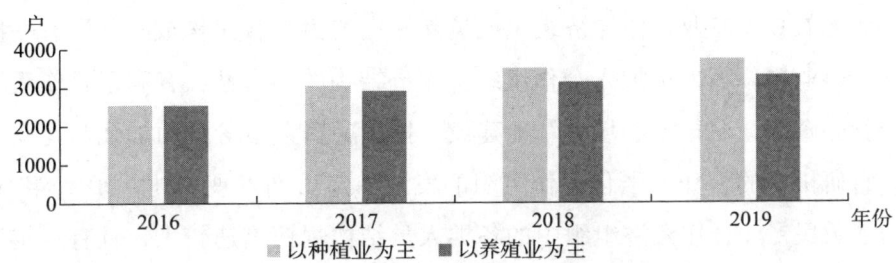

图 5-10　2016—2019 年青海农牧民专业合作经济组织中的种植和养殖经营业务

资料来源:根据青海省市场监督管理局统计年报整理所得。

此外,从农资购买,农产品销售、加工、运输、储藏,技术信息服务等领域来看,青海农牧民专业合作经济组织在 2016—2019 年中,发展规模也有了不同的变化,如图 5-11 所示。

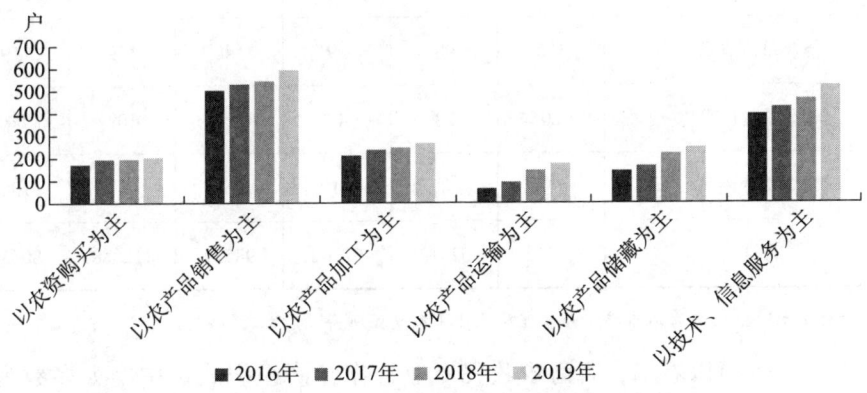

图 5-11　2016—2019 年青海农牧民专业合作经济组织主要经营业务

资料来源:根据青海省市场监督管理局统计年报整理所得。

从图 5-11 可以看出,2016—2019 年,青海农牧民专业合作经济组织中,以农产品销售为主的合作组织和以技术、信息服务为主的合作组织数量仍然是除了种植业和养殖业之外的合作组织中最多的,(分别发展到平均 542.5 户和 450.0 户)这一点与前 5 年相同。其余农资购买,农产品加工、运输、储藏等服务领域的规模在累计发展的总量上也是呈上升趋势,可见青海农牧民专业合作经济组织在后期发展虽然较为平缓,但形成了较为稳定的发展态势。

(三) 成员结构丰富

青海农牧民专业合作经济组织成员除了主要由农牧民构成外，还有一些企业、事业单位等人员加入合作组织。人员结构的丰富性，有利于合作组织整合社会资源，在技术领域、基地建设、拓宽融资渠道等方面加强与龙头企业、科研机构的合作，强化合作组织的发展。与后期发展相比，2015年前，青海农牧民专业合作经济组织中的各类人员结构规模增速较大，且有一定波动。2011—2015年青海农牧民专业合作经济组织成员类别如表5-5所示。

表5-5 2011—2015年青海农牧民专业合作经济组织成员类别 单位：人

成员类别	2011	2012	2013	2014	2015	平均人数
农民成员	60564	61196	66396	96236	110298	78938
非农民成员	770	986	1159	1825	2317	1411
企业单位成员	100	98	99	140	159	119
事业单位成员	20	28	43	69	109	54
社会团体成员	258	4	4	269	5	108
合计	61712	62312	67701	98539	112888	80630

资料来源：根据青海省市场监督管理局统计年报整理所得。

由表5-5可以看出，青海农牧民专业合作经济组织成员中绝大多数为农民，非农民成员只占2.3%，而社会团体的加入波动大，且数量较少。这种结果一方面体现出农牧民专业合作经济组织在青海农牧区具有的突出特性、重要作用以及对提高农牧民组织化程度肩负的使命和意义；另一方面说明农牧民专业合作经济组织层次较低，社会参与度小，后期发展需要加大指导力度，加快提升经营管理水平，吸引社会资源的积极参与。

青海农牧民专业合作经济组织发展在进入2016年之后，由于整体发展规模增速减缓，不仅成员结构变化较大，而且数量有所减少。2016—2020年青海农牧民专业合作经济组织主要成员类别如图5-12所示。

图 5-12　2016—2020 年青海农牧民专业合作经济组织主要成员类别

注：以上合作组织成员合计数为当期的农民成员、非农民成员、企业单位成员、事业单位成员、社会团体成员数量的合计数。

资料来源：根据青海省市场监督管理局统计年报整理所得。

从图 5-12 可以看出，青海农牧民专业合作经济组织发展一直以农民为主，进入 2016—2020 年之后，在注册的当期成员类别中，主要是农民成员，非农民成员数量很少，有些年份的企事业单位成员和社会团体成员为零。这种局面一方面表明合作组织成员倾向于农民的主体地位；另一方面表明农牧民专业合作经济组织对社会成员的吸引力依然不够大，融资能力、市场信息、技术及社会资本投资等较为匮乏。

（四）组织规模扩大

青海农牧民专业合作经济组织整体发展速度快，2011—2015 年是其规模增长速度最快的时期。据青海市场监督管理局统计，截至 2016 年 6 月底，新增农牧民专业合作经济组织 1709 户，同比增长 14.4%，合作组织规模总量还在不断增加，尤其在出资总额和入社成员方面，这一时期的规模不断扩大。

青海农牧民专业合作经济组织发展虽然有草场、牛羊折价入股的方式进行出资，但仍以货币为主，特别是 2014 年到 2015 年，合作组织出资中的货币方式明显上升，体现出合作组织发展能力在逐步提高，以农牧民为主的成员收入也在逐步提高（见图 5-13）。

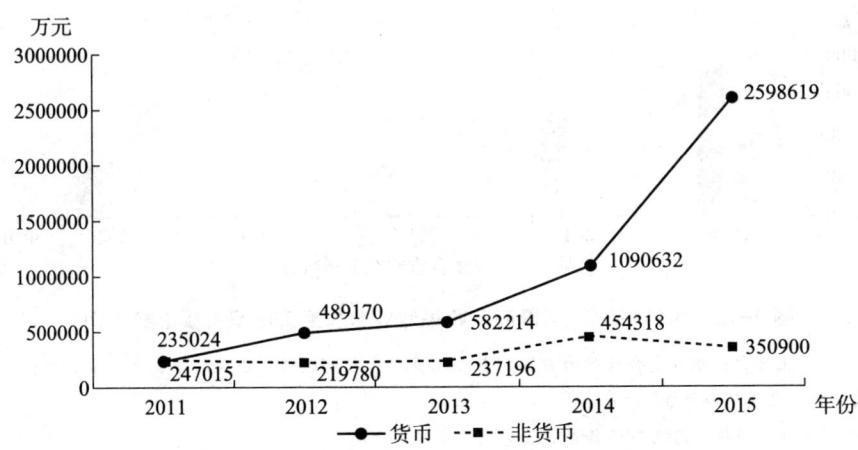

图 5-13　2011—2015 年青海农牧民专业合作经济组织出资情况

资料来源：根据青海省市场监督管理局统计年报整理所得。

表 5-6　2011—2015 年青海农牧民专业合作经济组织出资和成员规模

分类		年份					年均数
		2011	2012	2013	2014	2015	
出资方式 （万元）	货币	235024	489170	582214	1090632	2598619	999132
	非货币	247015	219780	237196	454318	350900	301842
合计	总额	482039	708950	819410	1544950	2949519	1300974
出资额 （户）	100 万~500 万元	885	1505	1848	3452	4754	2489
	500 万~1000 万元	100	158	194	333	590	275
	1000 万~1 亿元	47	94	99	129	245	123
	1 亿元以上	1	0	0	1	3	1
合计	总数	1033	1757	2141	3915	5592	2888
成员数 （户）	50~100 人	184	111	114	219	166	159
	100~500 人	98	83	84	78	124	93
	500~1000 人	2	1	1	0	1	1
合计	总数	284	195	199	297	291	253

资料来源：根据青海省市场监督管理局统计年报整理所得。

由表 5-6 可以看出，青海农牧民专业合作经济组织在出资方式中，前期入股的货币与非货币总量相当，其原因主要是很多合作社在组建时，采用土地入股、草场入股、牛羊折股等方式，以非货币方式出资。近年来，随着国家对合作社投入力度的不断加大，合作社货币出资量增长很快，2014年货币出资方式比非货币出资方式高出1倍多，到2015年则高出6倍多。近5年，出资额逐步扩大，出资100万元以上的平均达2888户，2015年占全部注册合作组织的44.8%。

在青海农牧民专业合作经济组织发展速度逐渐放缓的2016—2020年，其出资规模也出现波动（见图5-14）。

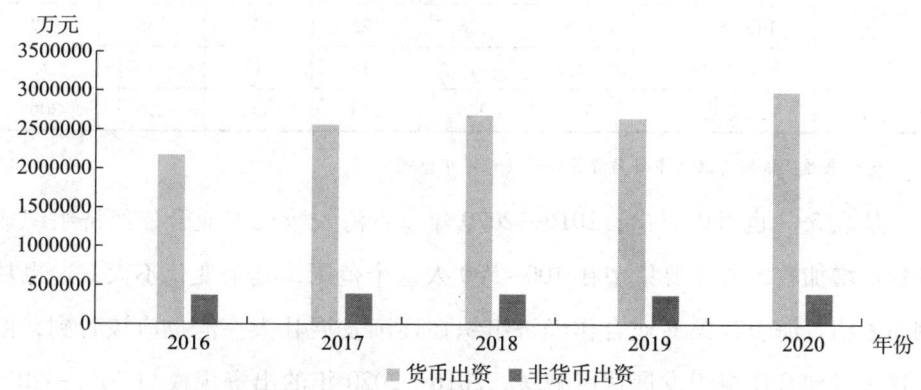

图5-14　2016—2020年青海农牧民专业合作经济组织出资情况

资料来源：根据青海省市场监督管理局统计年报整理所得。

由图5-14可以看出，2016—2020年，青海农牧民专业合作经济组织出资方式与2011—2015年相比发生了很大变化，虽然都是以货币方式为主，但是货币方式的出资占到总出资的87%以上，且出资在1000万元和1亿元以上的合作组织户数明显增加（见表5-7）。

表5-7　2016—2020年青海农牧民专业合作经济组织出资和成员规模

分类		年份					
		2016	2017	2018	2019	2020	年均数
出资方式（万元）	货币	2176169	2557739	2688943	2648996	2981774	2610724
	非货币	372747	393210	388497	374089	395663	384841
合计	总额	2548916	2950949	3077440	3023085	3377437	2995565

续表

分类		年份					
		2016	2017	2018	2019	2020	年均数
出资额（户）	100万~500万元	6254	7223	7585	7620	6650	7066
	500万~1000万元	806	995	1053	1064	686	921
	1000万~1亿元	319	353	366	359	228	325
	1亿元以上	3	4	5	4	4	4
合计	总数	7382	8575	9009	9047	7568	8316
成员数（户）	50~100人	183	195	180	169	154	176
	100~500人	126	128	122	132	138	129
	500~1000人	1	1	1	1	1	1
合计	总数	310	324	303	302	293	306

资料来源：根据青海省市场监督管理局统计年报整理所得。

从表5-7也可以看出，2016—2020年，青海农牧民专业合作经济组织成员数量增加较多的主要集中在100~500人这个范围，其余变化不大，这也从侧面表明青海农牧民专业合作经济组织在逐渐发展壮大。但也应该看到，由于这一时期合作组织发展速度减缓，2016—2020年的出资规模与2011—2015年相比增速不高，货币出资方式年均增长8.19%，非货币出资方式年均增长1.50%，而2011—2015年，货币出资方式年均增长高达82.35%，非货币出资方式年均增长9.17%，其增速远高于2016—2020年的出资规模。

总体来看，2011—2020年，青海农牧民专业合作经济组织不仅发展数量和出资规模在不断增加，成员数量也在逐步增加，人力资源和资金、土地的整合，使合作组织发展呈现出人、财、物的聚集效应。

（五）服务内容广泛

青海农牧民专业合作经济组织在建设中，因地制宜，从多种渠道和途径积极拓宽合作领域与服务内容，根据生产目标和市场需求，搭建社员参与合作经营的平台。在合作组织发展速度较快的2011—2015年，其经营范围较为集中，类型多样。从青海省农牧厅统计的数据来看，截至2015年底，共有8876家合作组织在此进行了备案。这些合作组织经营服务内容多样，覆盖产业各个环节（见表 5-8）。

表 5-8　2011—2015 年青海农牧民专业合作经济组织经营服务内容　　单位：户

经营服务内容	年份					
	2011	2012	2013	2014	2015	平均户数
"产加销"一体化	1717	2245	3089	3589	4610	3050
以生产服务为主	982	1062	1767	2293	3174	1856
以购买服务为主	118	123	121	173	218	151
以仓储服务为主	7	6	8	12	26	12
以运销服务为主	95	193	360	376	426	290
以加工服务为主	37	37	55	50	104	57
其他	189	154	191	226	318	216
合计	3145	3820	5591	6719	8876	5632

资料来源：根据原青海省农牧厅统计资料整理所得。

从表 5-8 可以看出，2011—2015 年，青海农牧民专业合作经济组织中"产加销"一体化的合作组织数量较多，占农牧厅备案合作组织平均数的 54%；以仓储、加工为主的合作组织较少，只占 1.2%，其中，以加工为主的合作组织仅占 1%，这与青海农牧民专业合作经济组织建设中的基础条件分不开。

根据以上分析可以看出，近年来，青海农牧民专业合作经济组织规模不仅发展快，而且整合力度在不断加大，合作经营已深入人心，已搭建起适合青海农牧业经济发展的网格化合作组织经营平台。由于青海农牧区经济发展不平衡，各地农牧民立足实际，选择了相适宜的合作方式，形成了组织形式多样化的特点。

2016—2020 年，随着青海农牧民专业合作经济组织发展速度逐步放缓，合作组织数量减少，以种植业为主的合作组织年均增加 736 户；以养殖业为主的合作组织年均增加 580 户；以加工、销售为主的合作组织分别年均增加 5 户和 32 户；其他类型，如茶馆服务、针织、工艺品制造、旅游、餐饮等合作组织年均增加 12 户。可见，青海农牧民专业合作经济组织经营活动仍然主要集中在种植业和养殖业（见图 5-15）。

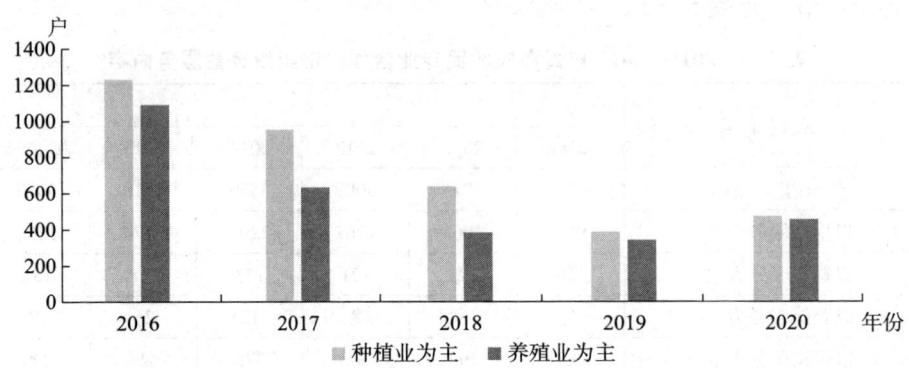

图 5-15 2016—2020 年青海以种植业和养殖业为主的农牧民合作组织发展规模

资料来源：根据青海省市场监督管理局统计年报整理所得。

由图 5-15 可以看出，尽管在 2016—2020 年青海农牧民专业合作经济组织当期以种植业和养殖业为主的合作组织总规模增加量在逐步下降，合作组织由数量扩张开始逐步趋向于规范发展、规模发展，但从总体来看，青海农牧民专业合作经济组织的经营服务范围依然广泛，涉及领域更加宽泛，服务内容更加多样化，产业链更加趋于完整。

由此可见，2011—2020 年，青海农牧民专业合作经济组织整体呈现良性发展趋势，尽管在发展阶段上出现先扬后抑的态势，其发展实力、规范经营、服务水平等都有待提高，但从内涵建设来看，合作组织发展质量、自身发展能力在逐步提升，这对青海农牧业经济发展、农民收入提高具有重要而积极的意义。

第六章

青海农牧民专业合作经济组织发展模式及其效果

如前文所述,青海农牧民专业合作经济组织与我国农民专业合作经济组织一样,其基本模式仍然是能人带动型、政府引导型、专业技术型、股份合作型、龙头企业带动型这五种类型,但在具体发展中,青海农牧民专业合作经济组织依据自身特点,形成了内涵丰富的发展模式。

一、一般模式

与我国一般农民合作组织一样,从提升农牧民组织化程度的普遍途径出发,青海农牧民专业合作经济组织的发展模式由最初的分散经营时期的"合作组织+农户"这一初始模式,发展到了以龙头企业带动型的"公司+合作社+农户"这一成长期的最优模式。

在青海龙头企业带动型模式中,合作组织依据区域特色产业与龙头企业间形成的产业联结形式,以契约方式向龙头企业提供产品,龙头企业利用其较强的加工、信息、技术和管理方面的优势带动农牧民专业合作经济组织的发展,合作组织在龙头企业带动下增加了农户收入,解决了"小农户"与"大市场"相对接的问题,保证了"订单农业"的实施。由于这一模式构建了农牧户与企业间规范的购销和利益关系,形成了一定的利润共享和风险共担机制,在青海农牧民专业合作经济组织中得到普遍认可。

依据2010年青海出台的《关于青海省农牧业产业化省级重点龙头企业认

定及监测管理暂行办法》等相关政策,青海农牧业产业化龙头企业的认定和建设工作普遍展开,为2011—2015年青海农牧民专业合作经济组织快速增长时期的产业化发展奠定了重要的政策基础。

截至2015年,青海无论是国家级还是省级龙头企业数量都比较少(见表6-1)。尽管如此,青海龙头企业对农牧民收入的增加却起到了积极作用。据青海省农业农村厅统计,2015年龙头企业辐射带动的农牧户达51万多户,实现销售收入60多亿元,帮助农牧户增收8.9亿元。

表6-1　2011—2015年青海国家级和省级农牧业产业化龙头企业基本情况

单位:家

类型	年份	西宁	海东	海西	海南	海北	玉树	黄南	果洛	合计
国家级	2015	14	1	1	1	0	0	0	0	17
省级	2011	30	6	1	3	3	3	1	1	48
	2012	31	6	1	3	3	2	1	1	48
	2013	40	16	3	6	6	2	1	2	76
	2014	40	16	3	5	6	2	1	2	75
	2015	45	21	4	9	7	2	1	2	91

资料来源:青海省农业农村厅。

在此基础上,2016—2020年青海农牧业产业化龙头企业逐步发展。截至2020年,青海累计培育国家级农牧业产业化龙头企业22家、省级以上农牧业产业化龙头企业132家,对促进青海农牧业经济发展起到了积极作用。

案例:我们在青海各大商场都能看到高寒皮燕麦,全是由西宁市级龙头企业青海青麦食品有限公司生产的。青海燕麦资源丰富、种植历史悠久,而青海湟中县更是燕麦主要种植区。青海青麦食品有限公司利用青海这一资源优势,与青海大学牧科院建成产学研基地,依据自身良好的地域优势和加工能力,整合湟中县燕麦种植资源,设立了湟中县丰硕燕麦种植专业合作社,截至2020年,合作社成员达141户,社员通过种植燕麦的年收入达3400元左右,给周边地区5000余户农民带来从事燕麦种植增收致富的机会。目前,该公司已经形成良种繁育、燕麦种植及收购、加工和饲料加工、种子销售等较为完备的产业链,年产皮燕麦良种2000多吨、燕麦米10000多吨、速溶燕麦片近8000吨，形成皮燕麦片、皮燕麦米两个系列以及有机、原生态、富硒等十几个品种，远销省外多个地区，其商标"高寒"被评为"青海省著名商标"。

"公司+合作社+农户"模式的实施，使青海众多农牧业优势特色产业走上良性循环的道路。这种模式在青海东部农业区表现较为典型，对推动当地农业经济发展起到了积极作用。

在青海西部地区，农牧民专业合作经济组织以集约草地、规模经营为主线，推行生态畜牧业专业合作社股份制经营，积极促进农牧民增收和牧区经济发展，通过实施"公司+合作社+牧户""合作社+基地+牧户"模式，在草原的生态保护和畜牧业的良性发展上取得"双赢"的效果。

案例：截至2020年，乌兰县的11个牧业村全都建立了生态畜牧业专业合作社。合作社流转了105万公顷草场，实施股份制经营；入股的牲畜在16万头（只）以上；入社的牧户达1200多户；4200多人成为合作社社员，占牧业总人口的91%。

近年来，乌兰县积极推行规模化、规范化的种草养畜经营，在全县前后设立的270多家合作社中有49家合作社开展以规模化种草、饲草青贮加工为基础的规模化种植养殖经营，不仅改善了草原生态环境，而且解决了生态畜牧业专业合作经济组织基本的草料需求，节约了成本，增加了收入。

地处茶卡镇的巴里河滩村，2010年，全村48户牧民，将22.5万亩草场和2万多头（只）牛羊全部以草场承包与牲畜作价入股的股份制方式，组建了巴里河滩生态畜牧业合作社，并与吉仁生态农牧业科技有限公司以股份制形式合作，公司设立养殖基地，将合作社草场和牲畜作价入股，由公司统一经营，并与其他公司联合，积极开展畜产品的深加工业务。吉仁生态农牧业科技有限公司每年向合作社成员按入股牛羊分红，实行保底分红，并给牧户发放放牧费、返还生活用羊等，带动周边500多户牧民致富，年人均增收1万元。合作社牧民将牛羊、草场入社后，以合作社社员身份参与合作社经营，2020年，一些社员拿到10多万元的年底分红，进一步提高了牧民入社的积极性。2017年，巴里河滩村荣获"全国文明村"称号。

二、典型模式

（一）东部农业区：民和模式

东部农业区是青海重要的特色农业、"菜篮子"工程基地。在东部农业区，以种植马铃薯、蔬菜、育苗及生产富硒农产品、牛羊育肥等为主导的农民专业合作经济组织，无论是在初期还是目前的发展阶段，都呈现出数量多、专业化程度高的特点，截至2020年底，像湟中县苏尔吉这样的蔬菜种植合作社就有1200多户，占青海蔬菜种植合作社的近80%。除此之外，还有许多像高原特色果品、苗木繁育、特色养殖等专业合作经济组织。

东部农业区也是青海现代农业发展较为集中的地区，有海东市互助土族自治县和西宁市大通县两个国家级高原现代农业示范园，其中的农机作业合作组织，在打造现代农业中发挥了积极作用。据青海市场监督管理局统计，2015年底，青海登记注册的农机专业合作社共有137户，近3000户入社成员，3600多名从业人员，这些合作组织年服务农户达8万多户，跨区作业面积达38万亩，订单作业近50万亩。

后期由于青海农牧民专业合作经济组织发展放缓，2016—2020年，登记农机服务的合作社只有37户，其中有一多半属于东部农业区。特别是地处河湟谷地的海东市，2020年其合作社已经发展到6700多户，占青海合作社总数的近40%。但2016—2020年涉及农机服务的合作组织只有像海东市乐都区康红种植专业合作社、大通忠林种植营销专业合作社、湟源雨丰农机服务专业合作社、门源东山红农牧产业发展专业合作社、德令哈久农种植专业合作社等39家。

总体来看，近年来，东部农业区围绕特色产业，通过积极发展现代农业，农民专业合作经济组织数量快速增加，超过青海合作社总量的60%。其发展模式主要有"合作社+基地+农户""公司+合作组织+基地+农户"等，而这些模式中，具有代表性的是民和县"公司+专业合作社+特色种养殖基地"模式。

民和县位于青海省最东端，农业人口占总人口的92%。民和县与甘肃省兰州市红古区共处河湟文化腹地，地处如今的兰西城市群中心节点位置，有一定的交通区位优势。

民和县农业经济发展历史悠久。1999年，喇家遗址中出土一碗老面条，距今4000多年。进入21世纪，依据湟水河流域特有的农业自然和资源优势及区位优势，民和县一直致力打造现代特色农业经济。2020年，民和县粮油作物总产量达38.7万吨，连续多年保持着"全国产粮大县"的荣誉，这也成为民和县农民专业合作经济组织发展的重要基础。

由于民和县地处浅山区，农作物以马铃薯、玉米等为主。2020年，小麦产量只有3.4万吨，而马铃薯产量高达18.9万吨，其次是玉米和果品、蔬菜，产量分别为15.5万吨、13.0万吨、11.6万吨（见图6-1）。

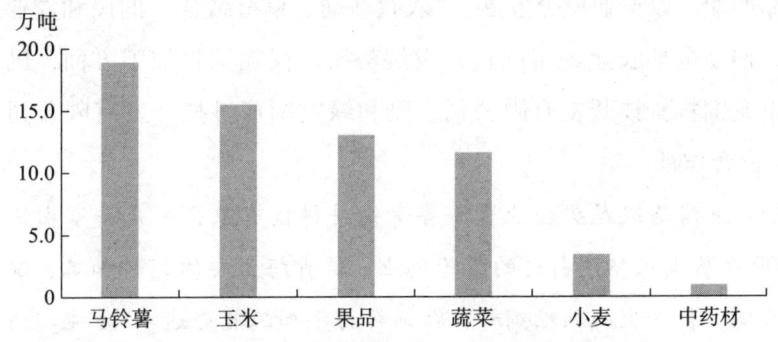

图6-1 2020年青海省民和县主要农作物产量

资料来源：依据青海省民和县统计资料整理所得。

多年来，民和县一直保持着青海粮食生产重点县的地位。特别是"果品蔬菜"产业集群发展迅速，形成民和县所在区马场垣、总堡、巴州、中川和官亭5个设施果品基地，建成温棚2165栋，面积达4340亩。2020年，民和县各项脱贫指标均达到现行国家标准，整县脱贫摘帽。

民和县农业经济的发展特别是特色农作物生产优势，成为农牧民专业合作经济组织发展的重要保障。经过"十二五"时期青海农牧民专业合作经济组织快速的发展，截至2016年6月，民和县农民专业合作社发展到1086家，其中，特色种植养殖类合作社占97%，包含省级以上龙头企业4家、市级以上龙头企业 16 家。

在此基础上，自 2016 年起，民和县大力发展家庭牧场，规范发展各类合作组织。到 2020 年，民和县共注册各类农民专业合作社 1676 家，其中，国家级示范社 1 家、省级示范社 19 家、市级示范社 174 家，合作社社员达到 1.17 万人，带动非成员农户 3.27 万户。

截至 2020 年，民和县培育的省级龙头企业达到 7 家，市级龙头企业达到 10 家。建成饲草加工企业 4 家，饲草加工点 25 个。2020 年，民和县玉米秸秆产量达 103.5 万吨，完成玉米秸秆加工 47.78 万吨，饲草转化率达到 56.1%，并开始全国农民专业合作社质量提升整县推进试点县的建设。

依托这些特色农产品生产基地、合作组织和龙头企业，民和县以"公司+专业合作社+特色种养殖基地"的模式，通过扶持传统产业，培育壮大现代特色农产品产业，以产业融合发展、"农牧联动、草畜结合"的民和农业经济发展模式，推动全县农业经济的良好发展势头。仅在饲料加工方面，民和县就有民和丰龙饲料科技开发有限公司、民和绿宝饲草科技开发有限公司等 4 家企业、4 家合作社。

案例：青海省级龙头企业青海鲁青饲料科技有限公司是一家由民和县政府于 2009 年从山东招商引进的民营企业，是青海主要的饲料加工、配送企业及研发基地，秸秆生物颗粒饲料、精饲料的年加工能力达 40 万吨。为保证公司生产资料来源，2010 年设立了民和成源饲料专业合作社，有近 200 户社员。该合作社以"龙头企业+合作社+基地+农户"的经营模式，建立了较为完整的农企对接、产销对接农村现代流通服务网络平台，不仅带动了当地玉米饲料产业化发展，还远销青海海北、黄南等牧区。

此外，成立于 2012 年、位于民和县古鄯镇的民和绿宝饲草科技开发有限公司，以"公司+专业合作社+特色种养殖基地"模式，与多家农牧民专业合作经济组织及省内外相关公司共同合作，开展青饲料的加工、销售、科研以及养殖等业务经营活动。该公司占地 170 亩，以青干草调制、整株青贮、黄贮、袋装青黄微贮、燕麦青干草、苜蓿颗粒、苜蓿草粉等技术为主；注册商标"丰通"于 2015 年被青海省人民政府评为"青海省著名商标"，并通过了中国绿色食品协会绿色食品证明商标认证，于2017年11月被认定为青海省农牧业产业化省级重点龙头企业。

截至2020年，该公司投资已达4800万元，在海北州门源县、海南州兴海县分别建设优质饲草生产基地一处，年生产玉米青贮5万吨、苜蓿青贮0.5万吨。在海南州河卡镇种植3万亩燕麦草、在民和县种植6000亩苜蓿草，依托民和县40万亩玉米种植，建立了集饲草种植、收购、加工、销售于一体的饲草服务网点。2020年，分别与德令哈东康养殖合作社、海锋特色农牧业发展专业合作社、化隆曹家养殖专业合作社3家合作社签订合同12000吨，企业自己储存10000吨。2020年，购进玉米青贮草3万吨、苜蓿颗粒2000吨、苜蓿草5000吨、燕麦草10000吨。

在民和县，类似的合作社与公司间的合作还有很多。可见，民和县农民专业合作经济组织在龙头企业的参与、推动下，对其组织化管理、产业化运营、标准化经营、科技化促进等方面起到了积极作用。但也要看到，在"龙头企业+合作社+基地+农户"这种经营模式中，合作社与公司间的合作规模比较小，合作社倾向于服务公司，倾向于利益合作，合作社成员间的服务特别是对社员扶弱扶贫等方面的服务作用减弱，合作社的提升空间有限。但无论如何，在当前形势下，青海农牧民专业合作经济组织发展过程中，龙头企业、各类相关企业的参与非常有必要，只是其合作方式、合作基础还有待优化和提高。

（二）西部牧区：梅陇模式

青海生态环境脆弱，畜牧业经济的发展既要确保草地生态，又要以发展畜牧业生产增加牧民收入，在保护与发展中常常面临"两难"的境地。以往牧区实施的集体组织型合作社和大户承包型合作社，都无法破解这一难题。为此，青海从2008年开始在我国率先实施草地生态畜牧业建设。经过不懈努力，青海西部牧区按其组织形式和利益联结方式的不同，形成了独特的生态畜牧业合作经济组织模式。①利润按股分红，用工按劳取酬，代表模式为"股份制""联户经营制""联合+联姻制"。②按合同规定分配，代表模式为"大户经营制""代牧经营制"。③畜牧业按合同规定分配，种植业按股分红，代表模式为"混合制"。其中,"股份制"在青海牧区各地实施中最突出,而"股份制"模式中最具代表性的是"梅陇模式"。

梅陇村位于青海省海西州天峻县县境东部,距县城新源镇有 20 公里,是青海在 2008 年实施草地生态畜牧业建设试点时,选取的 7 个牧业村中的 1 个。畜牧业是当地的支柱产业和命脉产业。

作为青海首批生态畜牧业建设试点村,在具体实施中,梅陇村生态畜牧业合作社从设立到整合资源逐步发展,经历了两个阶段。第一阶段:构建基础,搭建平台。经协商,按照自由入户的原则,全村 48 户牧户有 44 户加入合作社,部分牧户以草场和牲畜入股,全村统一开展以草定畜、按合理载畜量减畜、种公羊统一管理,合作社在适度集约化、规模化经营的基础上转移劳动力,大力发展多种经营,未入股的牧户独户经营,合作社经营和牧户单独经营共存。第二阶段:整合资源,优化配置。梅陇生态畜牧业合作社成立一年后,2010 年入社农户 180 人,人均收入 9475 元,较 2009 年人均收入增加了 1817 元,比 2008 年人均收入增加 105%,实现了经济收入的翻番,入社牧民数量也开始增加。生态畜牧业建设试点在梅陇村取得初步成功。

随着青海生态畜牧业建设工作的推进和梅陇村股份制合作组织经营模式的成功,2011 年,梅陇村草场和牲畜全部入股合作社,开始统一经营,优化畜牧业生产要素的配置,形成牛羊养殖、对外营销、种畜培育、饲草料生产等产业内部分工。合作社对入社牲畜进行重新划分,以 360 只羊为 1 群,将原来 41 群羊重新划分成了 14 群,将 2 群羔羊、1 群淘汰羊在育肥点进行半舍饲育肥,而将合格藏系种公羊精选组成 1 群 350 只进行集中管理。全村 102 个劳动力,由社员民主推选出 42 人,从事放牧。

通过优化畜群、个体鉴定等措施,母畜比例达到 80% 以上,羊的个体性能得到明显提高。合作社将 2520 亩草场划为轮牧单元,内设 4 个轮牧小区,开辟划区轮牧的冬、春草场,采取以畜群为基本单位,每群(350 只)、每个小区放牧 34 天的方式,放牧周期可达 205 天,从而,使产草量亩均增加 15~20 千克,草场内的"黑土滩"治理也取得成效,植被的覆盖度提高了 5%~10%,可食牧草(干重)在冬、春草场每年增加 23.7 万千克,保证了畜群喂养质量。

牧业的规模化、集约化经营，解放了50%以上的生产力。为转移富余劳动力，提高牧民收入，合作社成立了建材场、种草基地等，并购置了商业区经营用房，根据社员各自意愿和特长，一部分分别被安排到饲草加工点、砖场、牦牛奶牛场等工作，还有一部分被安排进城从事经营出租车及农用车等工作，社员全部得到安置。

为维护生态环境，合作社严格控制载畜量，积极维护草场，分区轮牧，提高牲畜质量，并根据每户入社牧民的特长，分别组成了放牧、开车、超市、缝纫、牛羊育肥等组，采取"统一购畜、统一销售、分工合作、按股分红"的运作模式，提高了生产效率，节省了劳动力。合作社将富余劳动力通过技能培训，开设修理店、打印店、服装店、食品加工店等，实施非牧转型，拓宽了收入渠道。这种集资入股、专业协作的生产经营方式，有效整合了农牧业资源，既保障了牧区生态环境，又使"牧区发展，牧民增收，牧业增效"目标的实现成为可能，可谓一举多得。让我们特别感动的是，有一次在天峻县新源镇调研时，有3位牧民骑马赶了半天多的路到镇政府，请求镇长派人去处理他们当地草场上因一辆废弃卡车漏油而污染的草地。由此可见牧民对自己草场的精心维护，对环境的关注。

梅陇生态畜牧业专业合作社成立至今，经济效益、社会效益、生态效益明显得到提升。近年来，梅陇生态畜牧业专业合作社持续推进生态建设，牧户入社率和草地集中率一直保持在100%，草场逐步恢复，在减少牧群、减少载畜量的同时，划区轮牧、以草定畜、禁牧和休牧制度一直得到贯彻落实且更加完善，实现了当地生态保护和畜牧业生产协调发展的格局。现在的梅陇村，结合游牧民定居工程的实施，实现了生活区和生产区分开，小城镇建设得到发展，牧区社会治理更加稳定团结，人与自然和谐的生态畜牧业良性发展体系逐步建立。

"梅陇模式"为青海生态畜牧业经济的建设树立了典范。在总结经验的基础上，青海在全省牧区进行了推广，促进了全省牧区生产方式、组织方式、分配方式和发展方式的转变，推动了生态畜牧业建设工作。2014年，农业部正式批复在青海设立全国草地生态畜牧区。

在"梅陇模式"影响下，青海牧区生态畜牧业发展得到极大推进。

案例：地处青海东南部的果洛州，人口近22万，海拔在4200米以上。其经济发展包括农牧民专业合作经济组织规模在青海位列最末。但果洛州全境在"三江源"自然保护区内，生态地位极其重要。该州所辖6个县中，地处果洛州腹地的甘德县，经济以畜牧业为主，是全国海拔最高的有机畜牧业生产基地。2020年，甘德县畜产品产业园被列入第三批省级现代农牧业特色精品产业园名单，"甘德牦牛"获得有机绿色产品及国家地理标志产品认证。

一直以来，甘德县畜牧业基础设施建设较为滞后，抗御自然灾害能力弱，基本处于自然游牧、靠天养畜、分散经营的局面，草地畜牧业发展面临诸多挑战。每逢遭受雪灾，饲草短缺，受灾地区牲畜死亡多，对畜牧业经济和当地牧民生活造成诸多影响。对此，甘德县积极进行饲草基地建设，人工饲草料基地的牧草种植面积逐年增加；同时，依托资源优势，甘德县成立了雪山农牧业科技发展有限公司，专门从事以生产草捆、草块、青贮为主的草产品加工经营。甘德县还对粮改饲的20家生态畜牧业专业合作社和1家企业进行了财政补贴。

牦牛和藏羊产业是甘德县的特色优势产业，而生态畜牧业合作组织是甘德县优势特色产业发展的主体。近年来，甘德县生态畜牧业合作社发展迅速。自2016年起，甘德县完成全县36个草地生态畜牧业合作社资源整合组建，建成奶牛产业化养殖基地16个、良种繁育基地6个、饲草基地30处、有机生态牧场4处、有机畜牧业养殖生产基地1个。目前，有153家牧业合作社，依托这些生态畜牧业合作社，建设千头牦牛标准化生产基地。择优扶强建设舍饲、半舍饲牦牛标准化规模养殖场1家，标准化有机牦牛肉生产基地1个。

截至2020年，甘德县建有有机生态牧场4个、有机畜产品基地7个，打造著名商标3个。由青海省农业农村厅牵头，甘德县进驻京东、天猫、阿里巴巴等全国知名度较高的电商平台。2020年，在甘德县的柯曲镇建成电子商务服务中心，搭建起了"果洛易购"平台，电子商务综合服务点覆盖包括牧民生态畜牧业合作组织在内的所有建档立卡贫困村以及各乡镇、寺院，建起了27个电商服务点，并结合电信在各乡镇、寺院的业务代办点形成综合电商服务平台。甘德县农村产业融合发展示范园还通过拼多多、盒马鲜生、虫妈邻里团等网络销售渠道，对接建行、农行、太平洋保险等国家指定的"三农"扶贫机构，积极扩大特色优势畜产品的销售。

为助推甘德县牦牛产业发展向集约化、规模化发展，该县通过政策引领，以生态畜牧业专业合作社为载体，采取引进和鼓励相关企业入驻的形式，组建起了甘德县生态畜牧业联合社；同时，让动物防疫人员及专业技术人员入驻联合社，形成了专业化的运作模式，不仅实现了牲畜的集中防疫及高效养殖和经营，促进了生态畜牧业经济的发展，而且带动了牧民入社的积极性，增加了牧民的收入。

甘德县辖1个镇6个乡，有36个村（牧）委会。其中，岗龙乡岗龙村草原面积广阔，人口稀少，海拔高，气候寒冷，农业经济依然以牧业为主。为应对自然灾害、改善农牧民生活贫困局面，该村按照"梅陇模式"，将全村178户牧民所有草场、所有牧户、所有牛羊都以草场和牲畜入股、牧民入社的方式加入生态畜牧业专业合作社。目前，合作社已经实现了畜产品加工销售、畜疫防治等工作的统一开展，并以此积极推进了生态环境的统一建设、保护以及畜牧业经济的发展壮大。同时，合作社按照相关章程规定，所得收益在扣除提取的公积金、公益金后，全部用于合作社的按股分红。全体社员每年都可按持股比例从合作社获得股金分红，由此形成了利益共享、风险共担的经营机制。特别是，对建档立卡贫困户，除按股分红外，在特殊情况下还给予其额外的生活补助；同时，将国家扶贫资金投入合作社中增加股份，到2018年合作社收益241.7万元，分红资金达173.0万元，人均2305.5元。

"梅陇模式"在青海牧区的推广运用，对生态畜牧业专业合作经济组织作用的发挥、农牧民收入的提高乃至对"三江源"生态环境的保护和生态畜牧业的可持续发展都起到了积极的作用。但由于严峻的自然环境和瞬息万变的市场环境，青海农牧民专业合作经济组织在基础设施、专业人才、发展规模、产品研发、交通物流等方面还面临诸多挑战，需要在今后发展中加以系统建设、引导、规范和完善。

第七章

青海农牧民专业合作经济组织建设存在的主要问题及原因分析

近年来,青海农牧民专业合作经济组织呈快速发展势头,但由于合作组织尚处于初级阶段,其规模较小,发展能力不强,经济效益不高,区域间发展不平衡,牧区合作经济组织经营分散,辐射能力弱,运行不规范,产业化水平不高等问题表现得较为突出。

一、规模小,发展能力不强

统计数据显示,2005年,青海农牧民新型专业合作经济组织才正式起步,农牧民专业合作社正式注册登记数目为232个,合作社成员6000人,带动农民15861人。而在同一时期,国内外农民专业合作经济组织已经迅速发展。据原山东省农牧厅统计,2005年,山东已拥有农民专业合作社2.1万个,参加农户460万户,带动农户485万户。由此可见,青海农牧民专业合作经济组织发展较为滞后,合作组织规模小、成员少,自身发展能力和服务、经营水平等还有待提高。

规模小与农业经济的自然属性相关。理论界普遍认为,市场经济的发展和家庭经营制度的缺陷是农民专业合作经济组织产生和发展的基本原因,而且农民合作的必然性和普遍性更是根植于农业生产的自然性、分散性和分散经营的家庭特性。但合作组织的这种小规模,往往使其带动效应不足。

尽管近年来青海农牧民专业合作经济组织发展迅速,但即使是在发展速度较快的2011—2015年，也有97%的合作组织均在50人以下。其间，青海农牧民专业合作经济组织成员在50~100人的年均只有159户、100~500人的只有93户，而500~1000人的只有1户。合作组织在资金组成上，出资额达100万~500万元的有2489户；500万~1000万元的只有275户；1000万~1亿元的只有123户，1亿元以上的只有1户，其中，2015年有3户。

2016—2020年，青海农牧民专业合作经济组织发展速度放缓，成员规模集中在50~100人，仍以100人以下的合作组织为主。因此，从单个合作组织来看，规模小、市场竞争力弱是青海农牧民专业合作经济组织较为突出的特点。

由于成员规模小，其出资也不大。2015年青海农牧民专业合作经济组织出资额100万元以上的有5592户，其中出资100万~500万元的有4754户（占85.01%），占2015年青海农牧民专业合作经济组织总户数的37.92%；出资500万元以上的有838户，占青海农牧民专业合作经济组织总数的6.68%。另有55.40%的合作组织出资额在100万元以下。

青海东部地区主要是农业区，合作组织数量多，合作组织发展到2015年时，海东和西宁两个地区共有合作组织7600多户，超过青海总数的60%；发展到2020年时，这两个地区的合作组织已经达到12500多户，占青海农牧民专业合作经济组织总量的65%（见图7-1）。

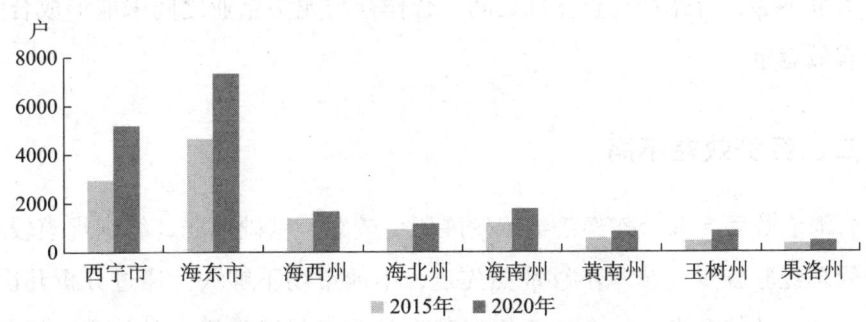

图7-1 青海农牧民专业合作经济组织2015年和2020年分布情况

资料来源：根据青海省市场监督管理局统计年报整理所得。

虽然青海东部地区合作组织数量较多，但由于所占面积较西部地区少，合作社流转的土地有限，规模都不大。以2015年为例，青海家庭承包经营耕地流转总面积是153.24万亩，占全省承包耕地面积700.00万亩的21.9%；而海西仅天峻一个地区农牧民专业合作经济组织整合草场就达1280.13万亩。

在农牧民专业合作经济组织发展初期，包括青海东部地区的农牧民合作组织在内，由于规模不大，产业发展规模有限，加之合作组织设立门槛低，设立时很多合作组织只考虑争取政策支持，对合作组织的可持续经营没有充分的认识和准备，随意性大，很多合作组织生命周期短，"空壳"现象较为突出。在调研中，我们经常会看到圈了地、挂了牌，却无经营内容的合作组织，整体来看只有近1/3的合作组织在真正运营。这一状况在2016年前后的合作组织规范化治理中得到逐步改善，但由于数量多，经营分散，很多基层合作组织管理机构指导范围和内容有限，加之合作组织自身服务层次普遍较低，规范化程度不高，带动效益不足，大多数只停留在一般性种植和养殖、代购代销、信息服务、技术咨询及初级产品包装等层面上，而对于提高农产品附加值，真正能够进行深加工、精加工、品牌建设的还是很少；一些基层管理机构对设立的合作组织调研不足，缺乏政策监督，对其经营及运营情况心中无数，任其发展，使一些合作组织领导者信心不足，致使农民合作组织这一有效的农村管理模式优势作用不能充分发挥出来。同时，一些合作组织虽然专业性较强，但起点低，经营内容趋同，相互间价格不合理竞争时有发生，整合力度不够，合作社与合作社之间、合作社与龙头企业之间未能形成合力，缺乏有效竞争。

二、经济效益不高

青海农牧民专业合作经济组织发展历史较短，基础薄弱，组织规模较小，经营管理经验较少，技术不够成熟先进，本地市场不够大。通过分析几次调查问卷的统计信息发现，合作组织经营产品依然是以初级产品为主，加工和贸易链条不够成熟，涉及范围相对较小，整体经济效益不高。

以发展快速的2015年青海生态畜牧业专业合作社为例。当时，青海生态畜牧业专业合作社已发展到1072家，在青海农牧厅登记备案的有961家。为考察这些合作组织发展状况，我们选取了32家海西州生态畜牧业专业合作社，运用模糊选优理论对其绩效进行了分析。

首先，选择生态维度、财务维度、核心运营层维度、学习与成长维度这四个方面内容建立起评价指标体系，见表7-1。

表7-1 评价指标体系

一级指标	二级指标	指标说明
生态维度	超载率（%）	0：超载率>0；1：超载率<0
	草原建设面积（万亩）	该值越大，说明合作组织该项投入越大
	畜棚建设（平方米）	该值越大，说明合作组织该项投入越大
	水利设施建设（个）	该值越大，说明合作组织该项投入越大
财务维度	人均收入（元）	统计期间社员的人均纯收入
	从合作社取得的收入（元）	反映合作社的盈余能力
	分流富余劳动力（人）	该值越大，说明合作组织的专业化分工程度越高
	注册商标	0：无；1：拥有任意一项认证
核心运营层维度	存栏数量［头（只）］	各类牲畜存栏数：指调查日期实际存在的各类牲畜数量，不分大小、公母、品种、用途一律统计在内
	年度出栏数量［头（只）］	反映畜群规模
	适龄母畜数量［头（只）］	反映畜群结构状况
	整合草场面积（万亩）	该值越大，说明合作组织整合草场的能力越大
	整合牲畜数量［头（只）］	该值越大，说明合作组织整合牲畜的能力越大
	成员数量（人）	该值越大，说明合作组织的社员规模越大
	注册资金（万元）	该值越大，说明合作组织的资金实力越雄厚
学习与成长维度	社员文化水平	社员对于专业知识的普及和提高 0：本科人数为0；1：其他
	科技培训次数	该值越大，说明合作组织的自我教育自我发展能力越强

其次，建立数据计算模型。

指标体系的权重从定量的角度加以考核，选取了变异系数赋权法给指标赋予其权重，考核每个指标对绩效考核的贡献率。

变异系数赋权法具体做法如下：

$$V(i) = S(i)/X \tag{7.1}$$

其中，$V(i)$ 代表第 i 个评价指标的变异系数或标准差系数，$S(i)$ 代表第 i 个评价指标的标准差，X 代表 i 个评价指标的平均值。

$$W(i) = V(i) \bigg/ \sum_{i=1}^{n} V(i) \qquad (7.2)$$

其中，$W(i)$ 代表第 i 个指标的权重，$V(i)$ 代表第 i 个评价指标取值的差异程度，n 代表选取指标的数量。

经过标准化处理，建立起加权距优模型：

$$U(+) = \frac{1}{\dfrac{\sum_{i=1}^{n} [W(i)(1-A(i))]^2}{\sum_{i=1}^{n} [W(i)A(i)]^2}} \qquad (7.3)$$

最后，进行绩效评价分析。

通过对所得数据依次进行标准化、赋权、代入模型等一系列操作，我们得到了32个生态畜牧业合作组织的优劣程度，如表7-2所示。

表7-2 综合绩效评价结果及排名

合作社简称	距优程度	排名	合作社简称	距优程度	排名
海西州乌兰县茶卡哈达	0.756	1	海西州天峻县新源镇棱布	0.258	9
海西州天峻县生格乡阳胧	0.546	2	海西州天峻县生格镇	0.247	10
海西州天峻县新源镇达尔那	0.517	3	海西州德令哈市茶汉哈达	0.244	11
海西州德令哈市尕海镇陶哈	0.423	4	海西州德令哈市巴力沟	0.242	12
海西州格尔木市乌图美那棱格勒	0.407	5	海西州德令哈市浩特茶汉	0.237	13
海西州天峻县新源镇德阳	0.359	6	海西州天峻县新源镇西德慕兰	0.211	14
海西州天峻县快尔玛乡叁木康	0.278	7	海西州天峻县梅陇	0.186	15
海西州德令哈市陶斯图	0.271	8	海西州天峻县新源镇扎西德勒	0.177	16

第七章 青海农牧民专业合作经济组织建设存在的主要问题及原因分析

续表

合作社简称	距优程度	排名	合作社简称	距优程度	排名
海西州格尔木市乌图美巴乐格图	0.177	16	海西州德令哈市卡格图	0.149	24
海西州都兰县沟里乡智玉	0.174	17	海西州天峻县江河赛尔	0.146	25
海西州德令哈市贡艾里沟	0.173	18	海西州德令哈市努尔	0.146	25
海西州天峻县	0.170	19	海西州都兰县宗加镇沙日	0.146	25
海西州天峻县木里镇佐陇	0.166	20	海西州都兰县宗加镇努日村	0.095	26
海西州天峻县织和赛	0.164	21	海西州天峻县织合达日那	0.060	27
海西州天峻县新源镇茶木康	0.162	22	海西州德令哈市柯鲁柯镇克鲁诺尔	0.019	28
海西州都兰县加镇哈西娃	0.150	23	海西州天峻县苏里乡	0.012	29

注：由于合作社名称较长，故省略了"生态畜牧业专业合作社"，采用简称。

由表7-2分析可得，32个样本中大部分合作组织与最优合作组织的相对贴近程度都不算高。根据计算，整体的平均距优程度是0.233，与最优合作组织的相对贴近程度在20%以上的只有14家，其余18家均在20%以下，占一半多，可见整体发展水平还有待提高。这与目前青海生态畜牧业合作组织的发展现状较一致，虽然发展的数量较多，且数量增加较快，但是整体发展水平不高，带来的经济效益低下。这是青海生态畜牧业合作组织未来发展亟待解决的问题。而且，从计算中可以看到，与最优合作组织贴近程度最低的是0.012，最高的是0.756，优劣差异程度悬殊，这印证了青海农牧民专业合作经济组织发展的不平衡性。

三、区域间发展不平衡

受青海地域经济及历史、文化的影响，农牧民专业合作经济组织在总量上东高西低，区域间发展很不平衡。

在青海农牧民专业合作经济组织高速发展的2011—2015年,青海两市六州的农牧民专业合作经济组织发展整体呈上升趋势,但各地在具体规模上有较大差异,如表7-3所示。

表7-3 2011—2015年青海农民合作组织数量统计   单位:户

年份	西宁市	海东市	海西州	海北州	海南州	黄南州	玉树州	果洛州	合计
2011	940	1170	624	434	387	92	158	163	3968
2012	1245	1791	780	569	548	179	202	174	5488
2013	1731	2636	978	713	773	348	233	205	7617
2014	2307	3778	1200	807	985	479	312	216	10084
2015	2951	4650	1404	934	1196	593	452	348	12528

资料来源:根据青海省市场监督管理局统计数据整理所得。

从表7-3可以看出,青海农牧民专业合作经济组织在青海各州分布不均,东部农业区占60%,比西南部农业区高,这主要是由于东部农业区人口多,青海65%的人口集中分布在总面积不足青海3%的东部农业区,人口密度约为每平方千米180.2人;西部地区的面积占青海总面积的97%以上,但居住人口只有青海总人口的35%,人口密度小。青海东部地区农牧业自然条件较好,农业产值占青海农业总产值65%左右,设立合作组织有较好的自然和基础条件。广袤的青海西部地区人口稀少,自然条件严酷,生态地位却极其重要,发展农牧民专业合作组织责任重大。

在农牧民专业合作经济组织进入调整时期的2016—2020年,不仅合作组织整体数量呈下降趋势,各地差异也逐渐被拉开,青海农牧民专业合作经济组织的分布差异更趋明显。

从图7-2可以看出,2016—2020年青海各地农牧民专业合作经济组织虽然发展速度放缓,但东高西低的局势仍然明显。到2020年,发展数量最多的海东市合作组织达7345家,而最少的果洛州只有464家,这与两地的人口基数有很大关系。2020年,海东市常住人口中居住在农村的人口为80.96万人,占海东市总人口的59.6%;而果洛州常住人口在2020年总共只有21.56万人。

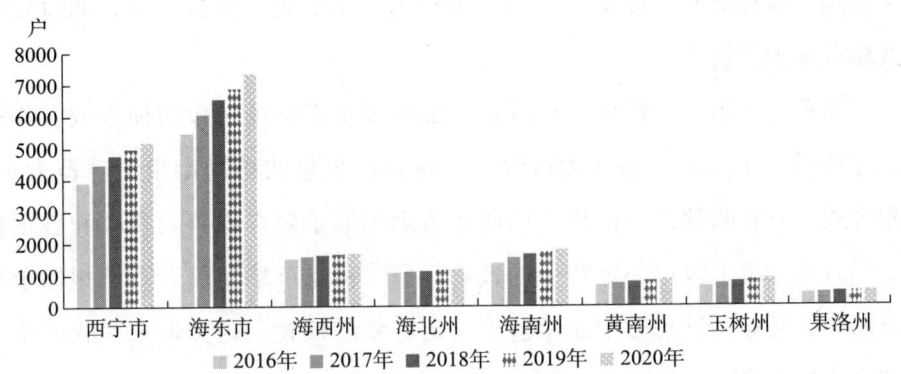

图 7-2　2016—2020 年青海农民专业合作组织数量统计

资料来源：根据青海省市场监督管理局统计数据整理所得。

因此，虽然青海地域面积最大的三个地区——海西州、玉树州、果洛州的总面积占青海总面积的 84%，但三个州的居住人口只占青海人口总数的 19%，农牧民专业合作经济组织在 2020 年分别为海西州 1677 家、玉树州 872 家、果洛州 464 家。

由此可见，青海各地区农牧民专业合作经济组织的发展极不平衡。虽然海东市发展情况较好，但仍有许多地区处于起步阶段。目前，青海有的地方没有建立合作经济组织。因此，成员之间在真正意义上结成互助合作的经济实体专业合作经济组织更少。农牧民的专业合作尚停留在初级阶段，缺乏有效的经营机制和资源配置，忽视可持续的发展。合作组织在发展产业经营、带动农户抵御市场风险、自然风险等方面的能力也十分有限，特别是在内涵发展方面能力各异，因此，合作组织间发展不平衡。

四、牧区合作经济组织分散性强

在青海牧区，合作组织的设立是从草场流转开始的，草场流转主要形式有以下五种。

一是草场转让，是指承包方将部分或全部草场及其相应的权利、义务转让给第三方，即草场使用权由第三方与发包方（乡政府或村委会）重新确定承包关系。这种情况一般是一些牧户因外出打工等无力经营草场，通过发包方式将草场加以转让。

二是草场出租，是指牧户将承包的部分或全部草场转包给他人或合作组织，这种形式多见于少畜、无畜牧户，将自己承包的草场出租给养畜大户。出租方式主要有两种，一种是草场使用者承担原承包户承担的税收和各项提留，同时给予原承包户一定数量的钱物；另一种是草场使用者不承担原承包方合同中的义务，只是给予原承包方一定数量的钱物，这类形式在牧区草场流转中比较多见。

三是草场互换，是指牧户根据养殖需要，将自己承包的部分或全部草场跟别人调换。这种形式主要发生在两家部分草场距离各自的定居点较远，放牧路线长，且不便于管理，而这部分草场却离对方的定居点较近，经过双方协商，在草场面积质量相近、围栏等基础设施建设相当的情况下，整块或部分进行交换，一般为长期交换。交换后草场的使用权即属于自己，各自进行利用和管护，不再受对方的干涉。

四是草场借用，是指牧户将承包的部分或全部草场借用给其他牧户，主要是少畜、无畜户将承包的草场借用给亲戚或朋友。

五是草场入股，是指承包方将有效的天然草场承包经营权量化为股权，入股到合作经济组织，从事畜牧业生产经营活动。

截至2020年，以这些草场流转方式组织起来的农牧民合作组织，整合草场已达66.9%。青海六州由于草地面积广阔，村落稀少，合作组织点广面宽，数量也少。

例如，有统计数据显示，在农牧民专业合作经济组织发展快速的2015年，居青海总面积第一位的海西州，天然草场面积达14358万亩，占海西州总土地面积的27%，占青海草场面积的26%。其中，可利用草场面积10647.36万亩，占海西州草场面积的74.16%，占青海可利用草场面积的22%，人口只占7%，生态畜牧业专业合作社在2015年为178家。而居青海总面积第二位的玉树州，草场面积30450万亩，可利用草场面积为17481.75万亩，截至 2015 年，其生态畜牧业专业合作社有 73 家。

这种地广人稀、合作组织分散的客观局面，一方面成为青海广袤草原生态维护的基石；另一方面给合作组织的指导管理、组织运行、产品销售和运输等增加了难度，使合作组织存在基础条件较差、经营成本较高、信息渠道窄、技术推广慢、组织指导周期长、产业集群效应低等不同困难。在调研中发现，由于地处偏远，管理草场面积广阔，技术、信息滞后，很多合作社基础条件较差，大多在产业链低端运营，特别是在青海西南部偏远地区，农牧民专业合作组织普遍存在起点低、经营内容趋同性高、融资渠道少等问题。

五、带动效应低，辐射能力弱

农牧民专业合作经济组织建设绩效的一个重要表现就是带动效应，它能够反映农牧民专业合作经济组织的规模效应以及辐射带动能力和凝聚力，体现了合作组织适应市场的能力和农户对合作组织的认可度与信赖度。带动效应可以用相对效率指标（REI）加以反映，其计算公式为：

$$REI = \frac{e_i}{e_t} \bigg/ \frac{E_i}{E_t}$$

其中，e_i 表示某地区农业专业合作经济组织带动农户数量，e_t 代表某地农户的总数量，E_i 代表全国（全省）农业专业合作组织带动农户的数量，E_t 代表全国农户总数量。

指标结果的评价标准：如果 $REI<1$，说明当地农业专业合作组织的带动效应不足；如果 $REI=1$，就说明当地农业专业合作组织的带动效应一般，与全国（全省）持平；如果 $REI>1$，就说明当地农业合作经济组织的带动效应比较强，在全国（全省）有优势。

例如，在合作组织发展快速的 2015 年，通过对与青海接近的海南及西部甘肃、陕西等省份进行比较，发现其带动效应如表 7-4 所示。

表 7-4 2015 年部分省份农民专业合作经济组织带动效应情况

项目	陕西	甘肃	广西	海南	青海
带动农户数（万户）	164.7	250.0	25.7	40.0	26.0
农户总数量（万人）	1747.75	1476.80	2539.00	408.80	292.00
带动效应	0.57	1.02	0.09	0.59	0.53

资料来源：根据《中国统计年鉴 2016》计算整理所得。

从表 7-4 可以看出，青海农民专业合作经济组织的带动效应指数为 0.53，但比陕西的 0.57、海南的 0.59 略低，同甘肃的 1.02 比起来相差很大，农牧民专业合作经济组织的带动效应处于低水平。产生这种情况的主要原因是，青海农民专业合作经济组织规模小、组织分散，整个组织运作、功能发挥以及内部管理制度建设处于较低层次，对区域经济发展的带动能力有限。包括在 2020 年，虽然青海农牧区参与合作社经营的成员和带动的非成员有 60 万人以上，能占到农牧民总数的 20% 多，但其带动效应十分有限，特别是在目前青海农牧业经济现代化发展过程中，农牧民专业合作经济组织在科技引领、品牌建设、产业化运营等方面，还未能形成足够的辐射能力和带动能力。

六、运行不规范，协同效应低

青海农牧民专业合作经济组织初创时期，通过相关政策"自上而下"的推动，2010—2020 年发展到 8000 多家，但运行中的不规范一直是影响合作组织发展质量的一大重要问题。自 2011 年 11 月农业部等 12 部门发布首批我国农民专业合作社示范社名录后，青海加大了引导、规范力度。特别是，原青海省农牧厅在促进备案的农牧民专业合作经济组织数量不断增加的同时，加大对农牧民合作组织的培育力度，其规范化程度认定呈现出逐年递增的趋势（见表 7-5）。

表 7-5　2011—2015 年青海农牧民专业合作经济组织规范化程度认定情况

摘要	年份					平均增长率（%）
	2011	2012	2013	2014	2015	
农民专业合作经济组织数量（个）	3145	3820	5591	6719	8876	29.61
省级示范社（个）	30	30	95	未认定	230	66.40
省级规范化合作社（个）	621	1055	1714	未认定	2855	46.43

资料来源：原青海省农牧厅。

由表 7-5 可以看出，青海农牧民专业合作经济组织发展的规范化程度在逐步增加，超过了合作组织数量的增加速度，但所占比例过小。截至 2015 年，在青海省农牧厅备案的合作社中，省级规范化合作社占 32.0%，省级示范社只占 2.6%，这一数据占整个合作社注册数量的比重只有 23.0% 和 1.8%，也就是说有 2/3 的合作社存在不规范运行现象。到 2020 年，虽然省级示范社增加到 802 个，国家级示范社增加到 79 个，但是不规范问题依然存在。

由于青海农牧民专业合作经济组织处在起步发展期，大多数合作社的组织形式、制度建设、运行机制、利益分配等还不符合规范化要求，合作社整体发展质量不够高。调研中发现，一些合作组织没有结合实际订立章程，执行中落实不彻底，民主管理实施不力，依然存在个别人说了算、"开会就是通知"的现象，合作组织决策权、利益分配权依然掌握在小部分高层管理者手中，合作组织并没有真正成为为人民服务的社会团体。除此之外，在调研中也发现，几乎所有青海农牧民专业合作经济组织面临着资金短缺和管理不力的问题，很多合作经济组织缺少财务管理人员、发展规划不足，导致资金使用缺少计划、盲目使用甚至核算混乱，发票报账不符，超额使用现金，会计基础工作薄弱等问题出现。当前相关部门对于合作组织的审核管理力度不够、监事管理制度不全，一些好的政策特别是一些财政项目，实施中的规范性和质量不高。

七、运营能力不足，产业化水平不高

青海农牧民专业合作经济组织采取政府扶持、专业合作社经营、农牧民参与的方式发展，但由于青海农牧民专业合作经济组织多数是由农村中在生产经营方面有一技之长的牧民或专业大户领办，内涵式发展不足，加之合作社管理人员对国家政策、法律法规、市场信息、营销知识、财务管理知识等掌握不多，有合作理念、专业知识的管理人才较少，缺少能洞察市场把握机会的合作社领导者和能胜任财务管理等基础性工作的社员。同时，信息来源渠道窄，领办人缺乏实践经验，许多合作社运营能力和产业化水平不高，这是制约当前农牧民专业合作经济组织发展的又一重要因素。

调研中发现，合作社经营过程中出现的主要问题体现在良种供应、科技支持、产品加工不足、产品销售、缺少劳力和缺少设备等方面，在不同程度上对农牧民专业合作经济组织的生产经营造成了影响（见表7-6）。特别是人才缺乏问题较为突出，在我们调研的合作组织中，合作社负责人小学文化程度的约占50%、初中文化程度占30%、高中文化程度占18%、本科文化程度只占2%。

表7-6　青海农牧民专业合作经济组织经营过程中存在的主要问题　　　单位：户

内容	良种供应	科技支持	产品加工不足	产品销售	缺少劳力	缺少设备	资金缺乏
是	102	87	52	111	88	103	134
否	48	63	98	39	62	47	16

资料来源：课题组调查问卷。

在调研中发现，许多农牧民专业合作社由于缺乏资金、设备、管理人员等，经营中存在许多问题，特别是在牧区，由于生态合作组织试点结束时间不长，合作组织刚刚起步，这些方面的问题尤为突出。从表7-6中可以看出，在150份有效问卷中，资金缺乏、产品销售、缺少设备的问题较为突出，另外，还存在良种供应、科技支持、缺少劳动力等问题。

案例：海北州海晏县海峰村宝丰牛羊养殖繁育专业合作社面临的问题具有一定的代表性。

海峰村距离海晏县城有10多公里，全村有219户计814人，其中贫困人口有32户（113人），享受最低生活保障的有25户（88人）。全村可利用草场7.99万亩，耕地0.13万亩，存栏各类牲畜8785头（只）。海峰村宝丰牛羊养殖繁育专业合作社2014年利用50亩地设立牛羊养殖繁育区，有2幢

第七章 青海农牧民专业合作经济组织建设存在的主要问题及原因分析

2400平方米的牛舍,饲草料库房200平方米,办公室及兽医室120平方米,消毒室30平方米,围墙800平方米,小区道路硬化2000平方米。项目总投资400万元,其中,财政扶贫资金100万元,州农牧局支农资金100万元,海北州扶贫资金100万元,县级财政配套资金100万元。合作社自筹资金35万元,修建和购置了棚内养育槽280米,自来水入棚管道330米,粉碎机、消毒机各1台,小型货车4辆,饲料拌混机4台等。为了开展牛羊养殖繁育,村集体经过多次讨论,将8幢480平方米暖棚租赁给合作社,其中,肉牛养殖大棚每年底需一次性缴清租金4万元。在调研中我们了解到,肉牛养殖区存栏的是从山东引进的、比当地出栏时间早1年左右的西门塔尔母牛,用于当地这一新品种的繁育,也引进200头4~5个月的小牛犊。由于刚引进时的小牛犊不适应当地环境或因患疾病,已有40头死亡,母牛基本一年育一胎,有的两年育一胎,且2017年后才开始产牛犊,合作社前期运营中没有任何经济效益,而每头牛每天需要30元左右草料。这些牛冬季在大棚内饲养,夏季在草场上放牧。

该合作社肉牛养殖场聘请了4人在大棚内给牲畜喂养储存的草料。草料来源一部分是合作社自己种植的,另一部分是以每吨1500元价格购买的。由于引进的是新品种草料,合作社成员普遍缺乏养殖技术,虽然海晏县经管站曾组织合作社负责人在青海大学进行培训,但因针对性不强,牲畜有病得从山东、甘肃等地聘请兽医。

调研中,尽管牧民想各种办法积极应对目前的困难,对政府与合作社给予的扶持表现出积极的回应,想尽快脱贫增收,对合作社前景充满信心和期待,但解决问题的途径很有限。其中,合作社最缺乏的是资金,前期扶持资金已经全部花完,合作社成员资金也已经全部投入养殖,包括入社贫困户每人每年有1000多元的贫困资金全用于草料购买,2015年在邮储银行贷到的扶贫贴息贷款100万元已经全部支出,信用社贷款资金需要抵押,但由于抵押不足贷款还未落实,只能向私人借款,利息为0.9‰。同时,该合作社人工授精器材不足、技术人员缺乏、种牛少,合作社考虑要提前卖一些母牛以缓解资金短缺问题。

宝丰牛羊养殖繁育专业合作社是由村党支部书记牵头成立的，负责人是当地牧民，技术指导及后期销售人才匮乏。农牧民希望合作社启动阶段资金充足，整体运行起来后可以边销售边维持运行。合作社希望后期进行产品深加工，但投入资金无法得到保证。

八、龙头企业数量少、规模小，带动能力不足

龙头企业对农牧民专业合作经济组织的发展具有积极的推动作用。但一直以来，青海龙头企业数量很少。截至2020年，青海农牧业企业有5000多家，占各类农牧业生产经营主体数量的0.5%。其中，国家级农牧业龙头企业只有22家、省级以上农牧业产业化龙头企业有132家，这对青海近2万家的农牧民专业合作经济组织而言，带动能力十分有限，而且龙头企业主要集中在西宁市和海东市，2020年公布获批的省级农牧业产业化龙头企业中，西宁市5家，海东市4家，海南州2家，海西州、海北州、黄南州、果洛州各1家。可见，龙头企业在青海的广大牧区分布很少。

以青海农牧民专业合作经济组织发展快速的2015年为例。青海有国家级农牧业龙头企业17家，其中西宁市14家，海东市、海西州、海南州各1家；省级农牧业产业化龙头企业91家。与1万多家合作组织相比，这些龙头企业是少之又少。

表7-7 2011—2015年青海省级农牧业产业化龙头企业基本情况   单位：家

年份	西宁市	海东市	海西州	海南州	海北州	玉树州	黄南州	果洛州
2011	30	6	1	3	3	3	1	1
2012	31	6	1	3	3	2	1	1
2013	40	16	3	6	3	2	1	2
2014	40	16	3	5	6	2	1	2
2015	45	21	4	9	7	2	1	2

资料来源：原青海省农牧厅。

由表7-7可以看出，青海龙头企业在青海各地的空间分布不均衡，由于环境资源占有量不同，主要集中在东部地区。2015年，青海东部地区的省级

农牧业产业化龙头企业有66家,占青海农牧业产业化龙头企业总数的73%。但这些龙头企业仍然是数量少、规模小。2015年,在青海龙头企业较多的海东市,包括市级以上的产业化龙头企业有146家,但资产过亿元的龙头企业只有4家。

青海大多数农牧区龙头企业和专业合作经济组织与农牧民、农畜产品基地之间缺乏"风险共担,利益共享"的利益联结机制,经营分散,导致特色产业上下游产业链条较短,共同打造特色品牌的意识尚未形成。龙头企业普遍存在科技研发能力较弱,对产品品牌开发不够,品牌效益不高等问题。部分龙头企业在管理中还存在许多问题,如经营管理不规范,专业人才缺乏;抵御市场风险和突破技术壁垒的能力不足。很多龙头企业在农畜产品加工体系方面还不健全,尚处于初级产品加工阶段,精深加工新产品品种较少,目前,主要农畜产品加工转化率只有一半多。

青海农牧区龙头企业和专业合作经济组织融资结构单一,贷款难的问题一直没有得到根本解决。尤其是龙头企业和专业合作经济组织缺乏融资担保平台,在一定程度上很难得到信贷支持,贷款难的问题严重影响了龙头企业和专业合作经济组织的正常运转。与发达地区相比,青海农牧业企业整体实力仍然较弱,带动现代农牧业加快发展以及农民增收的作用还有待进一步提升。一方面,农牧业加工企业产品以鲜销产品为主,深加工产品种类不够丰富、特色不够鲜明,未能充分发挥提升农牧业产业效益的支撑作用。另一方面,龙头企业品牌意识有待加强,知名品牌数量偏少,绿色食品、地理保护标识不多,有机食品认证还处于起步阶段,农牧业品牌效益不够明显。由于对技术创新的重视程度不够,投入有限,一些龙头企业仍采用传统的加工方式,人力资源成本较高,产品技术含量较低,企业效益不明显,带动农民增收作用发挥不够。

第八章

青海农牧民专业合作经济组织发展模式定位及原则

我国农民专业合作经济组织设立坚持"民办、民管、民受益"的原则，在政府指导下强化组织建设，在社员自愿合作的基础上，通过内部管理优化，在保持合作社资产保值的前提下增值，从而改善和解决"三农"问题。一直以来，青海农牧民专业合作经济组织都是秉承这一发展原则。

根据资源禀赋理论（H-O 理论），按照资源构成，农民合作组织具有土地、劳动力和资金三大资源禀赋。由于投入比例不同，各地合作组织在三大资源上具有的优势不同。当前，青海还不具备在这三大资源上的流动性。根据相关研究，如果某一地区这三大资源较为充裕，就适合发展外向型农业经济，合作组织也应该具有国际竞争力；如果劳动力和资金资源充裕，而土地资源匮乏，就应该发展都市现代农业经济，合作组织也应该具有市场化、城市化的组织经营能力；如果土地资源充裕，而劳动力和资金资源缺乏，就应该发挥龙头企业对农业经济的带动作用，合作组织也应该选择"公司+合作社+农户"的经营模式；如果劳动力和土地资源比较充裕，而资金资源不足，就应该发展合作化农业经济，以合作组织带动农业的发展。

根据以上分析，青海虽土地资源较为充足，但人才和资金相对缺乏，适宜选择"公司+合作社+农户"的经营模式。

在农民专业合作经济组织发展过程中，20 世纪末，包括青海在内，我国的农民专业合作社基本上是"公司+协会+农户"模式。随着新型农民合作组织的发展，进入 21 世纪后，"公司+协会+农户"模式逐渐被"公司+合作社+

农户"模式替代。

"公司+合作社+农户"模式对推动青海农牧业经济发展起到了积极作用，这一模式的实施使合作组织以中介组织者的身份维护了农牧户家庭经营的独立性；同时，通过有效联结农牧户与市场，降低了农牧户的交易成本和市场风险，实现了农牧户利益的自我保护。随着合作组织经营者综合素质的提高、内部管理机制的完善和利益调节机制的建立以及龙头企业的发展，农畜产品经营的规模效益和农牧民的收入水平也逐步得到提高，因此，这种模式受到广大农牧民的认可。但这种模式中联结机制的完全形成，需投入更多的时间和资本，要经历一个漫长的积累、规范、完善过程。

因此，青海农牧民专业合作经济组织的发展将在逐步完善"公司+合作社+农户"模式的基础上，通过依靠龙头企业等公司资源、资金、信息、技术、渠道等优势，发展和壮大合作经济组织实力。但由于与公司的合作只能以公司利益为主，且由于公司与农户间履约效率低下、技术和信息不对称、交易地位存在不对等性等，很难长久保障农民自身的利益和农牧区经济的发展。一方面，青海农牧业产业化龙头企业数量少、规模小，带动能力有限；另一方面，这一模式过多倾向公司效益而忽视农民及合作组织乃至农牧业经济发展的社会性、普惠性需要及互助合作性等发展利益。因此，青海农牧民专业合作经济组织最终必须依靠农牧民与合作社的相互协作维持自身发展和进行环境改善。

青海农牧民专业合作经济组织的发展必须经历一个能力提高和实力增强的过程，未来合作组织发展到一定阶段，随着经营规模的不断扩大和自身积累的不断增加，合作社必然通过联合社等途径，改善基础设施和条件，完善内部治理，提高产业化发展、信息化建设等能力，逐步强化甚至取代龙头企业等优势，进而用"合作社+公司+农户"模式或直接用"合作社+农户"模式阶段性替代"公司+合作社+农户"模式，从而实现合作利益最大化。

目前，青海围绕现代农牧业建设，加快农业经济的发展，这给青海农牧民专业合作经济组织的发展提供了良好的机遇，也必将对青海农牧民专业合作经济组织发展模式的转变提供良好的平台。

一、基本模式

青海独特的地域特征和资源条件，使青海农牧民专业合作经济组织模式经历了互助组、高级社及新时期"合作社+农户""合作社+基地+农户""合作社+协会+农户"等不同阶段，目前组织形式最多的是以"股份制"为主的"公司+合作社+农户"这一基本模式，而由于青海龙头企业数量较少，大部分地区是"公司+合作社+农户"和"合作社+基地+农户"这两种模式并存。因此，青海将在今后很长一段时间维持这一基本模式。在经过逐步完善的初期发展后，青海将进入"合作社+公司+农户"模式乃至"合作社+农户"模式。

规模经济理论告诉我们，随着生产经营的发展、市场规模的扩大，生产成本将不断降低，从而提升经济效益。因此，现代农牧业建设，不仅是生产手段的机械化、生产领域的基地化，更重要的是利用资源优势，实现生产方式的规模化、标准化，从而降低小规模分散经营导致的重复建设、资源浪费等大量低效成本。目前，青海农牧民专业合作经济组织发展、现代农牧业经济建设已具备一定基础，且规模仍在不断扩大，必须及时引导农牧民专业合作经济组织围绕现代农牧业，突出经济优势，明确发展方向。

（一）东部地区合作组织发展方向："现代农业+特色经济+合作组织"

为积极推进农牧业经济发展，青海持续加大财政扶持力度。青海用于农业的财政预算支出由 2007 年的 29.27 亿元增加到 2019 年的 324.00 亿元，占财政总预算的份额由 10.4%增加到 17.4%。农业成为青海财政预算支出增长最快、所占份额持续上升的部门。青海农牧民专业合作经济组织在 2011—2015 年发展快速的原因之一，是这一时期的财政支农投入比较高。统计数据显示，2011—2015 年，青海省级财政专项支农资金在示范区的投入达 4.00 亿元，整合项目配套资金 6.21 亿元，并积极从金融业、招商引资企业等吸纳社会资本，先后投入示范区的资金达 50.00 亿元。据原青海省农牧厅统计，到 2015 年，青海已设立国家级现代农业示范区 4 个，以县为单位的现代农业示范区20个；示范区耕地面积383万亩，占青海耕地总面积的46%；推广的产业化示范项目达242项；入驻示范区企业394家、家庭农牧场1879家。这一发展为青海农牧民专业合作经济组织后期的规范发展和经济壮大提供了重要的基础支撑。

为发展现代农业，青海突出特色作物优势。2015—2020年，青海农牧区建成的农业良种繁育基地平均每年有20万亩以上，培育出各类农作物优良品种29个，使良种覆盖率达到了95%，机械化率达到65%以上。其间实施的乡村振兴战略对其现代农业和特色经济发展更是起到了积极的促进作用。

为推动特色农业向现代农业的规模化、集约化、标准化方向发展，青海积极开展土地流转业务。2011—2015年，随着青海农牧民专业合作经济组织的快速发展，土地流转业务等也得到快速发展。截至2015年底，青海家庭承包经营耕地流转总面积达153.24万亩，占青海承包耕地面积700.00万亩的21.9%；耕种收的综合机械化水平也达到54.2%。同时，青海全力打造"高原、绿色、生态"品牌。

近年来，青海现代农业得到进一步发展。2020年，青海的农业机械总动力为501万千瓦·时，实现机械耕地面积441千公顷，占总播面积的80%多；耕地流转总面积占家庭承包耕地的28%，其中，农业合作组织吸纳流入耕地33206亩，占青海耕地总面积的0.4%，占全部流出耕地面积的47%。虽然青海农牧业专业合作经济组织流转土地数量有限，但其在青海新型农业经营主体中数量最多、吸纳耕地流入面积最大，是青海现代农业建设的中坚力量。尽管青海农牧民专业合作经济组织发展规模放缓，但在带动农户增收、对接相关企业、连接市场消费等方面发挥了积极作用。

从组织形式来看，农民专业合作经济组织本身就具有现代企业特质，首先，合作组织是法人组织，有明晰的产权关系，利益共享，风险共担；其次，合作组织是独立自主的经营事态，独立核算、自主经营、自负盈亏；最后，合作组织实行民主管理体制，建章立制，一人一票，入社自愿，退社自由，管理体系科学。因此，未来青海农牧民专业合作经济组织应该朝着具有现代企业管理特征、合作共赢的方向发展。而青海东部农业区就具有发展现代农民专业合作经济组织的基础和条件。从环境条件来看，随着西部大开发、乡村振兴战略的深入实施，青海东部农业区现代农业得到较快发展，已经逐步形成了"现代农业+特色经济+合作组织"的发展基础。

青海东部农业区包括西宁，民和、乐都、湟中、同仁、贵德、湟源、平安、互助、尖扎、门源、大通、循化、化隆等地区，面积达53.4万公顷，占青海耕地总面积的90.8%。由于青海东部农业区地处湟水流域和黄河流域，气候温润，农耕文化历史悠久，相对海拔较低，已形成油菜、马铃薯等农产品生产优势和包括乐都长椒、紫皮大蒜、循化线椒等在内的特色果蔬及中藏药、牛羊肉、饲草料等一系列农牧特色产业，特色农产品的播种面积达85%以上，特色农业在现代农业经济的推动下具有良好的发展基础和优势。

以青海东部农业区2015年的发展规模为例。经过多年的农业经济发展，到2015年，海东已经建起了互助、乐都2个国家级农业科技园以及民和、平安、循化、化隆4个省级农业科技园区、海东高原特色现代农业示范园区、"黄河彩篮"现代菜篮子生产示范基地等一批现代农业示范基地，依托这些示范基地，海东积极发展特色农业经济。另外，青海在海东曹家堡投资建成了首个保税物流中心。这些项目的实施拓宽了海东现代农业经济发展的空间。西宁则围绕都市现代农业，在市区周边的川水地区积极发展都市农业带，在大通、湟中、湟源的浅山地区发展精品农业带，在脑山地区开发特色生态农业带，不断强化城市"菜篮子"工程、都市休闲观光农业工程、农牧业产业化加工提升工程，在做好青海农业技术开发、人才培养、信息化工程建设的同时，以高效种植业、健康养殖业、农产品加工业、休闲观光农业四大产业为重点，积极发展都市现代农业。青海东部农业区具有高原特色的现代农牧业呈现良好的发展态势。

由此可见，以青海东部农业区为主的青海现代农业示范园、示范村建设、土地资源的整合及农产品规模化、标准化、品牌化等发展，必将为青海农牧民专业合作经济组织以现代农业和特色农业为基础的"现代农业+特色经济+合作组织"发展方向提供保障。

案例：海东辖区的乐都，地处湟水谷地南侧，其12个乡中，南山地区的峰堆乡有11个村委会。其中，峰堆乡的上一村，地处青藏高原边缘，海拔2750~2900米，属高原大陆性气候，夏季不热，四季不分明。年平均气温7.8摄氏度，年均降水量为350毫米，水资源稀缺。全乡水源为黄河滩水库，库容45万立方米，不能为村民提供稳定的生活及灌溉用水。上一村共169户559人，其中，劳动力305人；现村庄耕地1361亩（人均2.4亩），退耕还林还草995.93亩（人均1.78亩）。主要农作物有马铃薯、小麦、紫皮大蒜等，欧拉羊分户养殖初具规模。村民大部分经济收入来源于农业生产和进城务工。

2019年，上一村被纳入省级乡村旅游示范试点村行列，投资500多万元进行了村基础设施建设。由于上一村耕地80%以上都是山地，农作物及村民收入主要是靠种植马铃薯，且马铃薯产量较高，特色优势明显。因此，上一村以"壮大绿色富硒土豆，打造高原种薯基地"为发展思路，通过"合作社+农户"以及"公司+合作社+农户"等多种经营模式，积极发展特色农业经济。

成立于2014年的上一村合瑞顺洋芋良种种植专业合作社，是由上一村党支部书记带头设立的。上一村合瑞顺洋芋良种种植专业合作社也是从这一时期开始规模化种植马铃薯，种植马铃薯面积由最初的100亩逐步扩大至超1400亩。2019年开始种植乐薯1号、青薯9号及特色"65"优良品种马铃薯，经过精心培育、施肥、除虫，终于种出了共计269亩高产、抗旱的上述优良品种，共实现收入19.2万元，从而走向了脱贫致富的道路。在合作社发展期间实现了周边50余户贫困户就业，年收入达到6000多元。为解决专业人才短缺问题，合作社充分利用上一村农业农村部现代农业马铃薯产业技术体系育种组岗位专家示范基地以及青海大学农科院授权的青薯9号、青薯10号、"65"优良品种马铃薯种薯等生产基地建设，大力发展优良马铃薯种植，同时，还吸纳了4名大学生服务于上一村合瑞顺洋芋良种种植专业合作社，在合作社从事财务、电商销售等工作，拓宽营销渠道，加强内部管理，使特色优势产业逐步走上现代农业发展之路，积极促进了当地农民收入的提高和现代农业经济的发展。

(二）西部合作组织发展方向："现代畜牧业+生态经济+合作组织"

青海西部牧区是青海贫困人口最多、经济最不发达、最偏远的地区，由于底子薄、环境艰苦，贫困人口居多，自然灾害频发，畜牧业经济发展和生态环境的保护面临诸多问题。青海西部牧区只有发挥自身优势，改变传统的畜牧业发展方式，走现代畜牧业之路，才能实现可持续发展。自2008年开始实施的生态畜牧业建设工程，成为农牧业发展领域一项富有创新意义的实践。近年来，青海西部牧区依托生态畜牧业合作组织建设，积极调整农牧业经济生产结构，不断提高资源优化配置能力，积极促进畜牧业的协调发展，取得了良好的效果。

伴随着草地生态畜牧业的建设，牧区生态畜牧业专业合作经济组织快速发展。以生态畜牧业合作组织快速发展的2015年为例，截至2015年底，青海注册登记的生态畜牧业专业合作社已有1072家。据青海农业农村厅统计，2015年，在青海农牧厅备案的生态畜牧业专业合作社有961家，入社牧户达到11.5万户、牧户入社率达72.5%；流转草场2.56亿亩、草场集约率达到66.9%；累计整合牲畜1015万头（只）、牲畜集约率达67.8%。

青海四大现代农牧业示范区中，海南州、海北州、黄南州现代农牧业示范区的建设都是围绕草地保护与治理、草产业发展、畜产品加工、特色及有机畜产品开发、建设等工程展开的。近年来，海南州生态畜牧业、海北州高原现代生态畜牧业、黄南州有机畜牧业3个国家级示范试验区，按照特色化、规模化、产业化、生态化发展要求，依据各自优势，进行了各具特色的畜牧业发展建设工程。

海南州是青海草原畜牧业第一大州，也是全国唯一的生态畜牧业国家可持续发展实验区。近年来，海南州围绕牛羊养殖、冷水鱼养殖、饲草粮油、休闲农业等产业建设了有机牧场6个、新型农牧业科技示范园10个、家庭农牧场近160个，培育农牧民专业合作社843个、种植养殖大户1708家，形成国家级农牧业产业化龙头企业1家、省级农牧业产业化企业9家、州级农牧业产业化企业36家，畜产品商品率达41%，建成规模化养殖场（小区）312

个，其中，省级认定的标准化规模养殖场136个，占43.6%；设施养殖规模达到110.48万头（只），占比达到牲畜饲养总量的16%。

为实施生态畜牧业建设工程，海南州各地依据自身优势，积极开展现代畜牧业建设工作。贵南县草牧业示范基地和乳制品深加工及有机肥料生产项目，以"公司+合作社+牧户"和"公司租用牧场"形式，引进蒙牛集团投资12.02亿元，与当地农牧民合作，组织燕麦草种植和牦牛、犏牛的养殖，并进行乳制品深加工和有机肥生产；部分涉农企业和农牧民合作组织探索建立了线上交易平台，其中，贵德县建成青海省首家电商县域服务中心——"京东帮"，组建了贵德农丰电子商务平台。同时，海南州依托丰富的旅游资源，组织合作社开展旅游服务。由于三江源自然保护区涵盖海南州全境，青海湖在海南州的流域面积占整个流域面积的64.4%，草原5000余万亩，随着"环青海湖国际公路自行车赛""国际（冬季）黄河极限挑战赛""世界攀岩赛""高原沙漠汽车越野挑战赛"等重大赛事的举办，合作组织围绕这些平台，积极组织"牧家乐""草原驿站"等，成为该州合作组织带动牧户增收的一个重要渠道。

伴随"梅陇模式"的推广，海西州的生态畜牧业专业合作经济组织建设，逐步成为引领青海省现代畜牧业合作组织建设的典范。2014年，自青海省实施草地生态畜牧业试验区建设以来，海西州先后将试验区建设资金、扶贫资金和州支农资金整合，开展宾馆客房、餐饮城后续建设及联合社畜产品加工、冷藏、仓储等建设。多产融合的"现代畜牧业+生态经济+合作组织"的现代畜牧业发展机制模式在海西州初步显现。

目前，海西州已率先组建联合社，先后建成天峻县玉舟和德令哈市满都胡2个县级联合社、天峻县草希和都兰县查汗西里2个乡级联合社，形成跨村社、跨乡镇新型畜牧业经营主体格局，牧民组织化程度明显提高，畜牧业生产方式、组织方式、分配方式和发展方式进一步提升。其中，天峻和都兰两个重点县联合社入社牧户883户，整合草场756.81万亩，整合牲畜18475头（只），整合率分别为71.6%、83.3%和78.9%；同时，积极开展联合社规范化建设，提升联合社经济实体基础和发展后劲。大力推进品牌建设，推进天峻县玉舟联合社藏羊牦牛、格尔木那棱格勒合作社蒙古羊、乌兰巴里河滩合作社茶卡羊等一批地理标志产品和品牌商标建设，成功完成那棱格勒肉羊、那棱格勒活羊 2 个无公害农产品认证，完成合作社畜产品品牌设计、制作包装等工作。目前，合作社畜产品系列包装产品已投放市场，实现了资源优势向产品优势、品牌优势和经济优势转变。同时，海西州生态畜牧业经济发展与生态保护奖补机制相结合，与民族团结创建工作相结合，与强化基础设施建设相结合，与科技创新实用技术推广相结合，与牧区精准扶贫工作相结合，与加强牧区富余劳动力培训转移及发展第二、第三产业相结合，与强化"三基"建设相结合等"七结合"，使生态畜牧业专业合作经济组织在畜牧业、旅游文化、信息化建设等多个方面开辟了增收渠道，带动能力不断提升。

在青海牧区各地生态畜牧业专业合作经济组织的带动下，牧民通过将资源变股权、资金变股金、身份变股民，让股权得以量化，并能按股分红，使青海西部牧区生态环境和经济发展产生了很大变化，资源特色优势得到进一步发挥，为现代畜牧业发展奠定了基础。

案例：黄南州泽库县宁秀乡的拉格日村，地处三江源生态保护区核心区，是青南牧区泽曲草原的一个纯牧业村，平均海拔 3500 米，地处偏远，干旱少雨。2011 年，该村在青海牧区推行生态畜牧业建设时，由社长发起经营当地具有资源优势的虫草和畜产品，开启统一管理、利益共享、风险共担的合作社运营方式，同时采取种草养畜、划区轮牧等多种方式发展畜牧业经济，当年实现分红 21 万元。在当地政府联点帮扶及草原管理、畜牧兽医、大学生村官等相关农牧业部门指导下，合作社以设施养畜、科学养殖、草畜平衡、协调发展为主要内容和目标，分工协作，经过 5 年的发展，建起了规模化、市场化经营的现代生态畜牧业基地，形成了生态保护和畜牧业生产良性循环的"拉格日模式"。如今，拉格日生态畜牧业专业合作社将可利用草场面积的 93% 以上进行了整合入股，使合作社草场面积达 5880 公顷，拉格日村 95% 以上的牧户加入合作社，95% 的存栏牛羊入股合作社，入股资金近 1195 万元。

为拓宽销售渠道，增加牧民收入，拉格日生态畜牧业专业合作社在泽库县城和拉萨市开办了有机畜产品直销店，销售有机牛羊肉及藏式食品、服饰等 20 多种产品。2015 年，合作社收入达 524.2 万元，社员人均分配 8750 元；2016 年，合作社收入达 948.5 万元，人均收入 12447 元。其天然草场载畜量由 2010 年的 0.72 公顷/头（只）调整为目前的 0.92 公顷/头（只），天然草场每亩产草量比 2010 年增加 21.4 千克，草原生态逐步恢复，现代有机畜牧业发展有了保障。在拉格日生态畜牧业专业合作社的带动下，泽库县各村相继建立起 60 多个生态畜牧业合作社，有机畜牧养殖基地遍布各乡。

"拉格日模式"成为继"梅陇模式"后的又一个青海牧区生态畜牧业发展典范，为青海发展"现代畜牧业+生态经济+合作组织"的生态畜牧业专业合作经济组织发展方向提供了有力佐证。

二、基本原则

当前，青海农牧民专业合作经济组织的发展还处在起步阶段，要实现在东部农业区以"现代农业+特色经济+合作组织"和西部牧区以"现代畜牧业+生态经济+合作组织"为发展方向、由"公司+合作社+农户"模式或"合作社+基地+农户"模式进入"合作组织+农户"模式，必须坚持以下原则。

一是市场化运营。作为经济组织类型，青海农牧民专业合作经济组织的发展必须按照市场经济规律和市场需求，建立与市场主体多元化、消费需求多样化、竞争目标国际化相适应的运营机制，并结合发展特点，坚持合作组织自主创新与政府引导支持相结合的思想，充分发挥合作组织作为农牧业市场主体的作用，以合作式组织、企业化经营、市场化运作的方式，围绕目标市场，积极培育核心竞争力，提高市场认知度，不断促进农牧民专业合作经济组织做大做强。而运营不力、合作违规、经营破产的合作组织，要按照其章程和相关规定退出市场。

二是系统化建设。农牧民专业合作经济组织的建设是一项系统性工程，必须从制度建设、基础设施建设、产业建设做起，把生态建设、农村小康建设纳入这一系统建设工程进行整体化运作，以产业化发展、规模化经营、规范化运行为途径，充分发挥青海农牧民专业合作经济组织在增加农牧民收入、保护生态环境、调整产业结构中的重要作用，实现青海农业经济的可持续发展。

三是产业化经营。青海农牧民专业合作经济组织的建设,必须围绕现代农业发展目标,整合经济资源,加大与龙头企业、科研部门的联合力度,提高农产品的科技含量;不断创新生产方式,加强产业链管理,提高产品质量;强化产品品牌建设,积极做好产品宣传工作,打造品牌优势;拓宽销售渠道,提高产品竞争力,不断提升产业化发展水平。

四是规范化管理。世界农民合作组织发展史一再证明,农民合作组织是在制度框架内自主发展、逐步规范中成长壮大起来的。受历史、经济、文化等因素的影响,青海农牧民专业合作经济组织的建设需要经历不断完善发展的过程,特别是在内涵建设方面,要在民主、自愿的基础上,强化制度建设,健全内部治理机制,积极培养高素质管理人才,规范运营体系,保障合作组织健康、有序发展。

五是多元化发展。合作组织建设就是一个创新发展的过程。青海农牧业有独特的资源优势,各地农产品特色鲜明,在发展农牧民专业合作经济组织建设过程中,要合理布局,在农牧业各个领域实现多元化发展,采取灵活多样的经营模式,给农牧民最大的自主权,灵活选择,保护其发展利益。

第九章

青海农牧民专业合作经济组织发展目标、路径及其对策

一、发展目标、路径

(一) 总体思路

青海农牧民专业合作经济组织发展的总体思路是：依据青海独特的农牧业资源、生态环境，因地制宜，建立科学、可持续的发展机制，以市场需求为导向，充分发挥青海农牧民专业合作经济组织在农村社会化服务体系及农业产业化经营中的示范、带动作用，以引导农牧民进入市场和提高农牧业组织化程度、生产生态农畜产品并提高商品率、实现人与自然和谐发展、实现成员共同致富的目标，采取"自下而上"、循序渐进的方式，通过科学管理和规模效益，提升服务能力和市场竞争力，鼓励农牧民专业合作经济组织跨村、跨乡甚至跨县联合，积极拓宽和创新发展之路，实现农牧业合作经济组织健康、有效发展，以促进青海现代农牧业经济发展水平和农牧民收入提高。

此外，伴随世界经济全球化的发展，发达国家的合作经济组织发生了一系列变革，形成了各具特色的发展模式，这为青海农牧民专业合作经济组织今后的发展提供了良好的借鉴，其"跨区经营、联合发展"的经营模式，必将成为青海农牧民专业合作经济组织在未来发展中提升农畜产品国际竞争力的途径之一。因此，随着社会经济的发展和市场环境的变化，青海农牧民专业合作经济组织的建设，从组织形式到产业发展都要逐步实现国际化，以利

于整体农业经济的发展。

（二）发展目标

我国经济"五位一体"发展的战略布局，主要体现在经济、政治、文化、社会和生态文明建设五大内容上，这也是对农业经济保持全面系统及科学合理发展的总体要求。青海于2008年提出的"生态立省"战略，将青海农业经济的发展要求定位在绿色发展、和谐发展和统筹发展上，只有坚持在农牧区以农牧民专业合作经济组织为载体的协调推进，才能促进和实现青海农牧业经济持续、健康、快速发展。

受地域、文化、历史的影响，青海集中了西部地区、民族地区、高原地区和欠发达地区所有的困难及特点。实践证明，青海农牧民专业合作经济组织对于促进传统农牧业经济发展，保护生态环境，提高农牧民组织化程度和促进现代农牧业经济的发展具有重要意义，是有效解决"三农"问题，实现人与自然协调、可持续发展的必然途径之一。

青海农牧民专业合作经济组织的发展要以科学发展为指导，以转变经济发展方式为主线，通过不断创新理念，建立科学、生态的发展机制，保护生态环境；优化配置生产要素和资源，规范发展方式；培育龙头企业和联合社，树立品牌意识；积极培养、引进国内外合作组织优秀管理人才，顺应经济全球化和信息化发展趋势；为社员从事农牧业生产提供服务，实现产业内部分工和规模经济，进一步推进产业化经营；降低市场风险、节省交易费用，提高生产效率，带动农牧民持续增收，调动农牧民生产积极性，提高农牧业发展水平，从而达到合作组织良性发展，生态环境保护良好，农牧民收入不断提高，现代农牧业经济持续推进的目的。

（三）发展路径

提高农牧民的组织化程度，大力发展农牧业专业合作社，是青海现代农牧业经济发展的必由之路，也是青海实现农业经济可持续发展的重要途径。

在完善和落实有关农牧民专业合作经济组织扶持政策的基础上，不断改善农牧民专业合作经济组织发展环境，加大推进农牧业专业合作社规范化建设的力度，积极转变政府职能，创新扶持方法，引入激励机制，增强农牧民专业合作经济组织的发展能力，"以奖代扶，以促代管"。要不断完善农牧民专业合作经济组织内部管理制度和运行机制，整合扶持资金、项目，拓宽投资渠道，完善社会化服务体系。积极鼓励农牧民专业合作经济组织开展多渠道融资、多元化服务、联合经营、跨区域发展。以青海东部农业区"现代农业+特色经济+合作组织"和西部牧区"现代畜牧业+生态经济+合作组织"为发展方向，在已有的"公司+合作社+农户"或"合作社+基地+农户"等模式的基础上，以强带弱，实现地区发展平衡，创新发展方式，增强自主经营、自我完善、有序竞争"合作组织+农户"模式的发展能力，提升现代特色农牧业生产经营的产业化和组织化程度，提高农牧民收入和促进农牧区经济发展，逐步提升青海农牧业现代化水平，加快农牧区小康社会建设步伐。

二、相关对策

（一）转变政府职能，加大引导培育力度

"自主发展、民主管理"是"罗虚代尔"原则中的核心内容，国际合作社联盟成立120多年的实践证明，农民合作组织必须依靠自治、自立、不断创新发展，才能实现可持续发展的要求。青海农牧民专业合作经济组织虽然发展滞后，但必须坚持自治原则，逐步规范和强化运营过程。管理职能部门要坚持一切从"实际出发、实事求是"的原则，完善农牧民专业合作经济组织政策，加大政策保护力度和维护农牧民的主体地位，充分发挥农牧民在合作经济组织中的积极性、创造性，引导合作组织以入社自愿、退社自由、自治、公平、民主、互利等为原则，淡化行政色彩，防止走上"政企合一"的老路，拒绝"撒胡椒面"，不搞绝对的"平均主义"，充分调动农牧民的参与热情。同时，要转变管理方式，建立农牧民专业合作经济组织综合服务部门，引进社会化服务体系，组织各类技术专家、学者、职业培训师等开展有针对性的乃至"一对一"的项目咨询、发展规划、技术指导、资产评估、财务审计和监督等业务，补齐合作组织目前的管理和人才短板，引导和培育合作组

织规范经营、市场运作及风险防控能力。

政府要加大监管力度，强化管理职能，加强对农牧民专业合作经济组织的监督，特别是对合作经济组织的融资、技术培训、组织建设、产品质量、市场维护、利益分配等关键环节，要加大监控，严格要求生产标准、质量把控，维护农牧民的合法权益，及时提供市场信息、技术推广、疫病防治等服务。完善州县督察制度，深入工作一线督察指导，对青海农牧民专业合作经济组织在各个地区建设和工作中出现的新情况、新问题，需及时研究，及时解决，避免政府扶持资金出现基层腐化、引导不力、监管失控等现象。

按照"扶优、扶强、扶壮"的原则，推进不同合作经济组织间进行兼并、重组、强强联合，有效整合资源，开展跨区域及所有制的联盟合作，增强合作经济组织整体实力，实现规模化、一体化经营。培育、扶持和壮大农牧业产业化龙头企业，强力推进现代生态农牧业合作经济组织示范区建设，逐步在特色产品种植基地、示范区建成一批加工产业集群，形成规模效应。

政府要加大对农牧民专业合作组织资金扶持力度，针对合作组织普遍存在的资金短缺问题，联合金融机构、评估组织，加大对有带动效应、有发展潜力等项目的评估力度，采取合理措施，不断壮大青海农牧民专业合作经济组织的经济实力，降低投资风险。鼓励省级、州地（县）财政、各类银行和企业，以民间资本投资、入股等方式，加大资金的支持力度。采用资金补助、以奖代补、贷款贴息、参股等形式，相关部门积极主动与金融部门协调，争取农行、信用社为农牧民专业合作经济组织提供资金贷款，加大信贷扶持力度，扩大融资渠道，培育牧区金融组织，实现牧区金融的多元化，在财政补贴、税收优惠、产业扶持、金融准入等方面，积极推动青海农牧民专业合作经济组织的发展，进而推动农牧区经济发展。对于有重大成就的合作组织应给予物质、资金奖励，农村信用合作社、农业银行应重点资金支持合作组织的技术引进、培训，专门推出合作组织政策性贷款；同时，政府转变支农方式，将单纯拨付资金转换为以实物、人才扶持农户，在税收上要应对合作组织发展状况，逐步采取提高税收征收点、降低税收利率等方式加以鼓励。对于合作组织自身来说，应积极谋求与其他团体的资金互助。农民合作组织之间的联合已成为当前发展的趋势，农民合作组织之间的联合可以更好地适应市场变化，规避风险，很多地方的合作组织已经与企业联合，或是与其他合作组织成立联合社，甚至是在特定区域成立合作社区域联合会。借鉴山东莒县花生联合合作社的经验，青海生态畜牧业合作组织也可以通过与加工厂、超市、土特产店等联合进行资金互助，利用各自旺淡季时间差开展资金融通。同时，对于实力强的合作社来说，可以建立加工包装工厂，实现"产加销"一体化经营，从而大量地积累资金，避免资金缺乏。

进一步提高经济开发程度，政府提供更多的政策支持，加大招商引资力度。西部大开发及东部地区产业转移为农牧业合作经济组织的发展提供更多机会，充分把握这个机遇，做好接纳对口支援及承接东部产业转移的准备，加强生态农牧产品生产科技园建设，继续采用完善基础设施、减少税收、给予适当财政补贴等政策，吸引境内外投资商与青海农牧民专业合作经济组织的交流与合作，实现跨区联合，跨国经营。

（二）加大龙头企业的培育力度，推进现代农牧业产业化经营

发挥龙头企业的带动作用，以经济效益为中心，以骨干企业或经济组织为龙头、以千家万户为基础、以社会化服务为纽带形成"产加销"一体化的经营体制，从根本上解决市场体系不完善、流通不畅引发的农畜产品"买难卖难"的问题。对当地发展比较好的龙头组织要加大扶持力度，充分发挥龙头组织的辐射带动作用，使合作经济组织的组织形式、制度建设、运行机制更加规范化，提高合作经济组织的运行效率。支持和鼓励龙头企业、农村专业生产大户、运销大户、经纪人成立专业协会，发展农牧民专业合作经济组织等服务中介组织，逐步形成多形式、多层次发展的格局。推行"龙头企业+合作社+农户"的发展模式，促进农牧民与产业化经营相结合，与中介组织发展相结合，实现龙头企业、专业化基地、中介组织、标准化生产手段的整体推进。鼓励龙头企业加强内部管理，以维护农牧民利益和加强自身发展为目标，通过订单农牧业、保护价收购、股份合作、二次分配等方式，与农牧民建立风险收益并存、团结互助的机制，增强辐射带动力，以促进农牧业经济

畜牧产业化、现代化发展进程，提升农牧业发展水平。

发展生态农畜产品深加工工业，延长产业链，形成专业化、产业化格局，充分发挥其辐射带动作用，促进产业结构优化升级。形成名牌促龙头、龙头带基地、基地连农户的良性循环产业链。大力发展生态农畜产品生产、加工、贮藏、保鲜和运销业，提高农牧区生产经营的综合效益。

树立品牌和商标意识，积极引导农牧民专业合作经济组织与龙头企业联合，培育生态、绿色、有机农产品品牌，提高生态农畜产品的知名度，逐步扩大影响力，提升市场竞争力。进一步深化合作组织与龙头企业间的产业分工，深入进行技术、产品和管理等方面的创新，大力培育绿色、有机高原生态农畜产品品牌和商标，形成区域专业化生产，发展区域主导产业，培育自己的品牌。

积极发挥龙头企业的带动作用，引导农牧民专业合作经济组织积极开拓国际市场，加快农产品出口贸易。出口畜农产品必须有品牌化、规模化意识，要依靠龙头企业的带动效应和聚集效应，依靠农牧民组织化管理，紧跟国际市场需求，开展农畜产品精深加工和标准化生产，打造品牌知名度和美誉度，如此才能增加农畜产品附加值，提升特色农畜产品的经济效益；要避免农畜产品贸易大起大落，影响农牧民和生产者积极性，必须积极拓宽农畜产品出口销售渠道，促进农产品出口贸易。

（三）规范合作组织发展，提高带动效应的发挥

具有一个多世纪的世界农民合作组织发展经验告诉我们，农民专业合作经济组织的产生与发展不仅需要经历长期的积累过程，而且需要在农业生产专业化、集约化和市场化水平不断提高的前提下逐步发展，只有农业的专业化生产规模达到一定程度，农户独立进入市场存在较高的壁垒时，建立农民专业合作经济组织才会成为必然选择。而青海农牧民专业合作经济组织现在还处在运行环境不系统、不完善以及农业生产的专业化、集约化和市场化程度不高的时期，不仅生产出的农产品缺乏竞争力，也缺少一大批具有较强市场竞争力的优质名牌农畜产品，缺乏有影响力的农牧业产业化龙头企业。

进一步完善青海农牧民专业合作经济组织内部的运行机制和管理制度。如规范相关规章制度、产权制度、治理结构、利益机制、风险机制、经营方式等，加大制度的执行和监管力度，以提高青海农牧民专业合作经济组织的运行效率，积极发挥带动效应，更好地为农牧民服务。青海发展农牧民专业合作经济组织，需要规范组织原则和运行方式，保证农牧民在农牧业合作经济组织中享受的待遇公平、平等，实行民主管理、相互监督的制度，坚持入社自愿、退社自由、不强迫、不威胁的原则。努力站在农牧民的立场上，为农牧民说话，倾听农牧民心声，强化农牧民的合作意识，鼓励农牧民为维护自己的利益，不断完善合作组织运行和管理。

在调查中我们发现，当前青海农牧民专业合作经济组织存在不少"空壳"合作社，很多人注册合作社只是为了套取国家启动资金。为防止这一问题继续恶化，需要从事前、事中两个方面进行控制。

事前控制上，要求工商管理、民政管理等机关对申请注册的合作社做好调查，对于合作社的注册资金、社员数量是否谎报一定追查清楚。为此可以成立专家考察评价团队，对于申请设立合作社的可行性进行评估，评估不达标的对象不予设立。同时，落实好申报制度，按法律要求申报，并接受制度规章的规范。事中控制上，为解决合作社只挂名不做实事的问题，青海省可以建立优先扶持合作社名录，对运行良好的合作社给予财政奖励，对不做实事的合作组织收回启动资金并处以相应罚金。同时，落实好工商局每年核准制度，要求合作社每年到工商局配合审核，未在规定年限参与核准的合作社予以注销。为促使合作社配合审核工作、立足实际汇报盈余等基本情况，政府可根据合作社审核情况进行相应的资金支持。另外，需要坚持对合作社进行内部、外部监督。在内部监督上，政府必须督促合作组织内部成立监督部门，定期向上级汇报合作组织运营情况；在外部监督上，政府、地方人民代表大会、村委会等团体积极对该地域合作社的正常运营进行监督，举报、注销不办实事或者不按标准生产的合作社。

（四）做好人才培养工作，提升合作组织发展水平

人才问题是青海农牧民专业合作经济组织发展的关键。笔者根据调查问卷发现,合作组织中初中和小学文化水平的社员占多数,中专和大专文化水平的社员所占比例相对较少,而在所有调查对象中,没有一个合作组织有本科学历的社员。此外,各合作社每年只组织一两次农技培训,由于缺乏针对性,社员十分不重视。由此可见,青海农牧民专业合作经济组织中社员文化水平普遍不高,合作社培训能力有待提高。人才、知识、科学、技术是合作组织发展壮大的重要的因素。实践证明,合作组织负责人的文化程度是农牧户参与合作社意愿的重要影响因素之一。合作组织负责人和骨干由具有合作意识与丰富农技知识的"农村精英"组成,他们熟悉乡村复杂的社会关系,擅长与农牧民沟通,他们拥有一定的资本积累,能吸引农牧民的加入,因此,必须加大对合作骨干和合作企业家的培育力度,提高他们的合作意识、专业知识和协调能力,使他们逐步由"能人"变为专业型、职业型的现代高级管理者。

在合作组织职员的培训中,要以提高人才素质,增强信息沟通、谈判和交流能力为基础,同时要强化技术、业务培训,注重面向农牧区种养大户、劳务输出经纪人等相关人员开展实用技术培训;开展政策法规知识讲座,采取下派业务骨干、组织专家巡讲、开展科技咨询和培训、联合技术攻关等形式,因地制宜、分类指导,真正把实用技术带到农牧区;做好工作指导和技术服务工作,帮助解决农牧业发展、环境保护、旅游文化、防疫卫生等工作中存在的技术难题。在提高人才的知识储备和能力素质、广泛开展技术培训的同时,合作组织内部要积极鼓励新技术在生产上的运用,提升社员的专业化程度。另外,当前就业竞争压力大,不是所有大学生都能进入理想的企业,很多当地大学生最后会选择返回家乡或自主创业。对于返乡大学生,政府要出台相应政策鼓励这部分大学生进入合作社工作,满足其自我实现的愿望,提升其社会地位,譬如提高到合作社工作的大学生的待遇,给予福利补助等。此外,合作社要完善人才激励机制,树立长远的人才引进目标,从个人价值实现、物质奖励等方面吸引人才流入,例如,提升其工资待遇,入社后视为社员予以参股、参与每年分红等,总之应提高大学生参与合作组织经营的积极性。

青海相关部门、科研院所、人才培养院校要协同配合,更新观念,面向基层和农牧区，积极探索合作组织人才培养方式，构建青海农牧民专业合作经济组织教育培训体系，在发展中不断创新思想，培养具有适合农牧区合作组织职业资质的带头人及专业人才。特别是对合作组织职业经理人的培训要切合实际，系统进行，争取把资源优势变为经济优势。要积极鼓励和引导青海农牧民专业合作经济组织相关管理人员参与高等院校、职能部门开展的业务培训。同时，在实践中，一方面要加大对青海农牧民专业合作经济组织带头人的培育力度；另一方面要建立层次激励机制，按绩效获取收益，营造有利于农牧民专业合作经济组织带头人成长的良好氛围。

（五）协调内部治理，增强牧区合作组织运营管理

从调查中农民反映的现实问题来看，更多牧区合作组织在发展上面临着技术、管理等运营问题，在内部治理中，需要比东部农业区合作组织花费更多精力来协调组织运营。同时，受历史、经济发展、文化习俗等因素影响，牧区农民组织化程度一直较低，技术推广难度较大，对政策的理解、制度的落实、理念的改变、方式的创新等都有更多难度，合作组织必须通过民主管理的方式逐步加以协调。

一要建立健全内部管理制度，规范制度运行程序。在建立合作章程的基础上，采取公开、透明的方式，将民主管理、岗位职责、社员大会、利润及盈余分配、社员奖惩等制度落实到位，同时建立监督机制，积极接受内外部社员和政府的监督。其中，奖惩制度是一种能有效规范社员行为的制度，可以建立相应的社员绩效评价体系，通过对社员理论知识、生产贡献水平、技术应用程度等的定期考核，打出每个社员综合绩效分，根据社员的综合绩效分数给予社员相应的奖励或惩罚，或是根据综合绩效分数颁布相关的"资格证"，对于满足条件的社员给予免费培训或资金支持，从而调动社员参与生产培训的积极性，提高合作社运营效率。

二要规范财务运行机制。财务管理是牧区合作组织规范化管理的一项重点，需要政府、合作社、审计等各个层面加强管理和监督，引导和监督合作

社规范运行。为解决牧区合作组织普遍存在的财务人员不足问题，除了政府加大培训力度和实施财务代管外，合作组织必须采取"走出去，引进来"的方式，逐步培养自己的财务人员，以适应合作组织发展的需要。同时，要逐步配备有实力、有经验的会计人员以及监督人员，做到账务规范、公开透明，满足各社员随时查账的要求。合作社也应完善人才吸收制度，通过个人价值实现、物质等方面的满足，树立财务人员对合作社高度的责任心和奉献精神。要强化制度建设，规范盈余分配方式。通过对青海省海西州的问卷调查发现，很多随机调查的社员对于本社的利润、可分配盈余情况并不清楚，这样不利于农牧民对合作组织的信赖和信心，农牧民在合作组织的收入也无法得到保证，因此盈余的分配要做到透明公平，将财政扶持资金量化到每位社员，为此要定期召开社员大会，汇报生产、销售情况以及盈亏状况，让入社农牧民与合作社不仅成为利益共同体，更成为管理的全程参与者和合作社成长的见证者，真正做到"同呼吸、共命运"。

三要提高服务水平和文化素养，创新发展方式。青海生态畜牧业合作组织要想发展到一个新高度，必须注重提高自身的服务水平。牧区合作组织管理者要转变观念，主动适应现代畜牧业发展的需要，不断学习先进的管理方式方法，积极"走出去"，开拓思路，树立先进的服务和管理理念，提高自身综合素质，以认真负责的态度，带领牧民经营好投入的资本，控制市场风险，实现合作资本的保值和增值。牧区合作组织要充分利用自身的文化优势，创新发展方式，以休闲牧场、牧区餐饮、草原歌舞等多种形式，积极开展生态旅游、文化旅游等项目；同时，不能忽视整个合作社文化传播和氛围的营造，要多传播合作社民主、文明、先进的理念，营造积极向上、乐于奉献的合作社文化氛围，要逐步建立和形成合作社发展文化，从而提高整体发展水平。

四要加强农牧业技术服务体系建设。青海牧区现代畜牧业产业化发展离不开科技的支持，而技术推广、防疫防灾是目前牧区合作组织基本而且重要的工作内容和工作职责。改变目前传统畜牧业发展方式，需要建立从科学选种、喂养、生产加工到销售各环节合理有效的运行体系，技术的提高除了内部培养、外部培训外，还要积极联合科研院所、龙头企业开展多元化技术扶持和服务。同时，对于牲畜的疫病、植物防疫等进行科学监测，建立成熟的防疫服务系统，配备兽医、兽医站点、农技监管员，积极引进病虫害防治技术和控制措施，建立疫情防控体系，降低合作社经营风险。

第十章

结论与展望

依据青海丰富的自然资源和独具特色的自然环境，积极提高农牧民组织化程度，大力发展农牧民专业合作经济组织，是青海现代农牧业经济发展的必由之路，也是青海实现农牧业经济可持续发展的重要途径之一。

通过对青海农牧民专业合作经济组织发展状况的分析，我们可以看到，青海农牧民专业合作经济组织的建立，对保护青海生态环境，促进青海农牧业经济发展和提高农牧民收入，起到了巨大的作用，并且提高了农牧民的组织化程度，促进了社会的和谐与稳定。但由于青海农牧民专业合作经济组织发展尚处于起步阶段，存在规模小、带动能力不足、经济效益不高、区域间发展不平衡、规范化和产业化程度低等问题，因此，今后要以"股份制"为基础，围绕现代农牧业经济建设目标，发挥特色农牧业经济优势，采取"公司+合作社+农户"和"合作社+基地+农户"的发展模式，以"现代农业+特色经济+合作组织"和"现代畜牧业+生态经济+合作组织"为发展方向，积极发展农牧民专业合作经济组织，要转变政府职能，加大引导培育力度，加快龙头企业的发展，推进现代农牧业产业化经营；同时，要规范农牧民专业合作经济组织的发展，提高其带动效应，做好人才培养工作，提升合作组织发展水平，协调内部治理机制，增强合作组织的运行管理，通过科学管理和规模效益，提升市场竞争力，鼓励农牧民专业合作经济组织之间相互联合，实现农牧民专业合作经济组织健康、有效发展的目标，进而推动青海农牧业经济的可持续发展。

虽然青海农牧民专业合作经济组织发展时间短，一些合作组织存在运行不规范、产业化水平不高等问题，但是我们相信，在政府的引导与扶持下，在农牧民的支持和配合下，通过农牧民专业合作经济组织的积极探索与努力，不断发挥带动效应，青海农牧民专业合作经济组织会逐步发展壮大自身实力，组织和带领农牧民整合资源优势，创新经营理念，规范经营方式，发展生产、维护生态，推动青海农牧业经济建设，促进农牧区经济健康发展，提高农牧民生活水平，为青海农牧业经济的可持续发展做出积极贡献。

回顾研究内容，鉴于笔者研究水平和客观条件所限，研究中还存在许多不足和疏漏，研究还不够全面、深入；虽然在数据上涵盖了全部合作组织，但在分析内容和范围上只抽取了带有普遍特性的青海农牧民专业合作经济组织进行研究，而对尚在探索发展和覆盖面小的合作组织的发展、模式及其效应等研究不足；在研究内容上对合作组织产业链的各个环节未能进行详细剖析。随着青海农牧民专业合作经济组织的发展、基础条件的改善、科技水平的提高、市场的变化，合作组织的结构优化、效应评估、创新发展等问题还有待进行深入、细致的研究。

参 考 文 献

[1] 牛若峰. 坚持合作制原则发展农村合作经济 [J]. 农村合作经济经营管理, 1997 (10): 19-20.

[2] 张雪梅. 农业产业化经营组织模式优化探讨 [J]. 农业技术经济, 1999 (06): 13-16.

[3] 黄祖辉, 王祖锁. 从不完全合约看农业产业化经营的组织方式 [J]. 农业经济问题, 2002 (3): 28-31.

[4] 周立群, 曹利群. 农村经济组织形态的演变与创新——山东省莱阳市农业产业化调查报告 [J]. 经济研究, 2001 (1): 69-75+83-94.

[5] 郑有贵. 村社区性集体经济组织是否冠名合作社——以福建省仙游县村经济合作社为例 [J]. 管理世界, 2003 (5): 96-100.

[6] 郭红东, 徐旭初, 邵雪伟, 陆宏强. 我国农民专业合作经济组织发展的完善与创新——基于对浙江省实践的分析 [J]. 中国软科学, 2004 (12): 1-9.

[7] 徐旭初. 农民专业合作经济组织的制度分析 [D]. 浙江大学, 2005.

[8] 杨坚白. 合作经济学概论 [M]. 北京: 中国社会科学出版社, 1990: 34-43.

[9] 徐旭初. 中国农民专业合作经济组织的制度分析 [M]. 北京: 经济科学出版社, 2005: 21.

[10] 米鸿才, 等. 合作社发展简史 [M]. 北京: 中共中央党史出版社, 1988: 29-89.

[11] 汪小平. 农民专业合作经济组织的成长与发展研究 [D]. 武汉: 华中科技大学, 2007.

[12] 徐铁辉，刘丽琼. 农民专业合作经济组织存在发展的思想起源与理论依据 [J]. 益阳职业技术学院学报, 2007 (5): 20-21.

[13] 曹晔. 农民组织化的理论依据 [J]. 河北职业技术师范学院学报, 2002 (4): 12-15.

[14] [美] 卡森. 寂静的春天 [M]. 吕瑞兰, 译. 北京: 科学出版社, 1979: 56-60.

[15] [日] 池田大作. 与二十一世纪的主人翁倾谈 [M]. 香港: 香港天地图书, 2001: 57.

[16] 王竞. 外商直接投资与区域经济可持续发展研究: 以天津市为例 [D]. 天津: 南开大学, 2005.

[17] 刘莹. 青海省海南州国家可持续发展实验区生态畜牧业模式研究 [D]. 西宁: 青海民族大学, 2012.

[18] 杨琳. 试论我国环境税法的完善 [D]. 青岛: 中国海洋大学, 2007.

[19] 王芳. 和田地区农民专业合作经济组织运行模式与机制研究 [D]. 乌鲁木齐: 新疆农业大学, 2010.

[20] 翟晓珑. 绿色贸易壁垒对安徽省农产品出口的影响与对策探究 [J]. 中国农业信息, 2012 (19): 87-88.

[21] 王新前. 绿色发展的经济学: 生态经济理论、管理与策略 [M]. 成都: 西南交通大学出版社, 1996: 78-80.

[22] 宋言奇. 浅析生态内涵及主体的演变 [M]. 苏州: 苏州大学, 2005.

[23] 王万山. 生态经济理论与生态经济发展走势探讨 [J]. 生态经济, 2001 (5): 15.

[24] 沈满洪, 高登奎. 生态经济学 [M]. 北京: 中国环境出版社, 2008.

[25] 沈满洪. 生态经济学的定义、范畴与规律 [J]. 生态经济, 2009 (1): 43.

[26] 史敬棠，等．中国农业合作化运动史料（下册）[M]．北京：生活·读书·新知三联书店，1959：990-991．

[27] 杵希亮．中国农民专业合作社发展研究：历史变迁、利益分析与空间扩展[D]．咸阳：西北农林科技大学，2010：27．

[28] 王曙光．中国农民合作组织历史演进：一个基于契约-产权视角的分析[J]．农业经济问题，2010（11）：21．

[29] 郭晓鸣，廖祖君，付娆．龙头企业带动型、中介组织联动型和合作社一体化三种农业产业化模式的比较：基于制度经济学视角的分析[J]．中国农村经济，2007（4）：40-47．

[30] 张厚安．乡政村治：中国特色的农村政治模式[J]．政策，1996（8）：26．

[31] 包景惠．通辽市农牧民专业合作经济组织发展模式研究[D]．呼和浩特：内蒙古农业大学，2009．

[32] 王阳．中国农民专业合作经济组织发展研究[D]．昆明：云南财经学，2009：44-45．

[33] 席加兵．农民专业合作经济组织发展的理论与实践[D]．南京：南京农业大学，2009：12-13．

[34] 赵凯．中国农业经济合作组织发展研究[D]．西安：西北农林科技大学，2003．

[35] 张忠根．农业经济学[M]．杭州：浙江大学出版社，2010：62．

[36] 俞家宝．农村合作经济学[M]．北京：北京农业大学出版社，1994：28-29．

[37] 陈家涛．合作经济的理论与实践模式[M]．北京：社会科学文献出版社，2013：36-37．

[38] 张忠根．农业经济学[M]．杭州：浙江大学出版社，2010：61-62．

[39] 马克思，恩格斯．马克思恩格斯全集[M]．北京：人民出版社，1974：415-416．

[40] 马克思, 恩格斯. 马克思恩格斯全集［M］. 北京: 人民出版社, 1972: 314.

[41] 列宁. 列宁选集［M］. 北京: 人民出版社, 1972: 681.

[42] 张忠根. 农业经济学［M］. 杭州: 浙江大学出版社, 2010: 61-63.

[43] ［日］萩原将太. 中国新疆与日本北海道农民合作组织发展的比较研究［D］. 乌鲁木齐: 新疆农业大学, 2013: 28.

[44] 张胜利. 农民合作经济组织模式比较研究［D］. 合肥: 安徽师范大学, 2010: 24-26.

[45] 农业部软科学委员会考察团. 欧洲农民多种形式的联合与合作组织［J］. 中国农村经济, 1999（4）: 76-80.

[46] 何国平. 走向市场: 农业流通领域合作组织的理论与实践［D］. 成都: 西南财经大学, 2005.

[47] 农业部国际合作司欧洲处. 欧盟奶业合作社发展经验及对我国的启示［J］. 中国奶牛, 2009（2）: 56-57.

[48] 李显刚, 石敏俊. 日本农协一瞥［J］. 中国供销, 2001（1）: 34-35.

[49] 樊亢, 戎殿新. 美国农业合作社的服务体系: 兼论农业合作社［M］. 北京: 经济日报出版社, 1994: 314-315.

[50] 乐波. 日本农协与美国农业合作社之比较与启示［J］. 孝感学院学报, 2007（2）: 22.

[51] 史金善. 当今美日欧农民合作社评述与借鉴［J］. 西北农林科技大学学报（社会科学版）, 2005（6）: 3.

[52] 杨景福. 青海商业志［M］. 西宁: 青海人民出版社, 1989: 7.

[53] 杨景福. 青海商业志［M］. 西宁: 青海人民出版社, 1989: 9-10.

[54] 杨景福. 青海商业志［M］. 西宁: 青海人民出版社, 1989: 12-13.

[55] 王晓军, 宋海祥, 吴栋仁. 青海六十年农业农村经济发展成就辉煌［J］. 青海统计, 2009（11）: 4.

［56］青海省地方志编纂委员会．青海省志·畜牧志［Z］．合肥：黄山书社，1998：69-74．

［57］王晓军，宋海祥，吴栋仁．青海六十年农业农村经济发展成就辉煌［J］．青海统计，2009（11）：5．

［58］白玛，高福寿，彭建国．中国农牧区改革新路［M］．北京：经济管理出版社，1993：142．

［59］白玛，高福寿，彭建国．中国农牧区改革新路［M］．北京：经济管理出版社，1993：143-144．

［60］张毓卫．青海信息化建设的经济环境和人文环境分析［J］．青海社会科学，2007（6）：178-181．

［61］卢方元，李成任．外国直接投资、进出口总额和国内生产总值关系的协整分析［J］．数理统计与管理，2009，28（2）：293．

［62］代世伟，刘愿英．青海东部农业区1957—2006年降水变化特征及干旱预测研究［J］．陕西农业科学，2012（9）：83．

［63］郑度．青藏高原形成环境与发展［M］．石家庄：河北科学技术出版社，2003：406．

［64］李双元．WTO框架下青藏高原特色农业国际竞争力研究［M］．西宁：青海人民出版社，2008：73．

［65］韩文婷，马广华，唐万萍．青海省大力发展"冷凉型"特色农业［J］．中国农技推广，2006（1）：13．

［66］牛宏瑞．高原"338"小麦良种的评价与利用对策［J］．青海农林科技，1986（3）：4-6．

［67］张蕴．科技创新谱写青海绿色新篇［N］．科技日报，2020-12-30．

［68］王臻．一粒青稞的产业振兴之路［N］．青海日报，2020-06-11．

［69］陈小玮．生态优先：青海绿色发展之路［J］．新西部，2020：48．

［70］刘立云．从"玉石之路"到"茶马古道"：论丝绸之路青海道的演变及其意义［J］．西藏研究，2018（1）：126-134．

［71］青海地方志编纂委员会．青海志·对外经济贸易志［Z］合肥：黄山书社，2004．

［72］TYLER W. Growth and export expansion in developing countries：Some empirical evidence［J］. Journal of development economics，1981（9）：121-130.

［73］王密. 2020年青海枸杞种植面积、产量及主要贸易地区分析［DB/OL］. 智研咨询. https：//www.chyxx.com/industry/202106/955693.htm，2021-06-07/2021-06-04.

［74］王丽萍，李创，汤兵勇. 产业国际竞争力概念及分析模型研究［J］. 科技和产业，2006（2）：1-5+10.

［75］蒋德恩. 显示性比较优势指数的适用条件分析［J］. 国际商务（对外经济贸易大学学报），2006（5）：46.

［76］李晓鹏，关桂霞. 青海草地生态环境的恶化及其对策［J］. 攀登，2001（5）：68.

［77］周华坤，周立，赵新全，等. 江河源区"黑土滩"型退化草场的形成过程与综合治理［J］. 生态学杂志，2003（5）：51-55.

［78］海西州农牧局内部资料. 生态畜牧业知识手册［M］. 青海：海西州农牧局，2010.

［79］青海省现代农牧业知识干部读本［M］. 西宁：青海民族出版社，2013.

［80］张胜利. 农民合作经济组织模式比较研究［D］. 合肥：安徽师范大学，2010：18.

［81］张娜. 以"民和模式"主导现代农业进程［N］. 海东时报，2016-11-28（2）.

［82］青海省农牧民专业合作社典型汇编［G］. 西宁：青海省农牧厅，2014：50.

［83］生柏，郑建宗. 青海：草地生态畜牧业专业合作社建设与发展探讨：以天峻县为例［J］. 中国农民合作社，2011（8）：39-40.

［84］徐旭初. 略论农民专业合作社理论研究进展及趋势［J］. 中国农民合作社，2013（1）：20-21.

［85］岳清，郝保水，侯霞. 基于模糊层次分析法的评价选优系统设计［J］. 北京信息科技大学学报，2017，32（5）：25.

[86] 申文娟. 国外农业经营体系发展模式研究 [J]. 农村经济与科技, 2016 (5): 239.

[87] 赵凯. 中国农业经济合作组织发展研究 [D]. 西安: 西北农林科技大学, 2003: 5-68.

[88] 佚名. 抵抗市场风险催生合作社之间联合: 以山东省莒县花生专业合作社联合社为例 [J]. 中国合作经济, 2012 (7): 21-24.

[89] 张玉龙, 何友良. 中央苏区政权形态与苏区社会变迁 [M]. 北京: 中国社会科学出版社, 2009.

[90] 牛序茜. 中国与美国农业合作社模式比较及对策研究 [J]. 山东省农业管理干部学院学报, 2012, 29 (4): 35.

[91] 张岳恒, 饶本勇. 美国农业产业化经营的主要模式与经验 [J]. 南方农村, 1999 (6): 49-51.

[92] 张岳恒, 林向勇. 日本农业产业化经营的主要模式与经验 [J]. 南方农村, 1999 (5): 38-41.

[93] 张岳恒, 陈虎城. 以色列农业产业化经营的主要模式与经验 [J]. 南方农村, 2000 (3): 42-44.

[94] 张岳恒, 黄仕勇. 法国农业产业化经营的主要模式与经验 [J]. 南方农村, 2000 (1): 51-52.

[95] 张义珍, 张素罗. 农业经营组织化模式的国际比较及其启示 [J]. 河北学刊, 2001 (3): 102-106.

[96] 赵慧峰, 李彤. 国外农业产业化经营组织模式分析 [J]. 农业经济问题, 2002 (2): 60-63.

[97] 史金善. 当今美日欧农民合作社评述与借鉴 [J]. 西北农林科技大学学报 (社会科学版), 2005 (6): 7-11.

[98] 牛若峰. 坚持合作制原则发展农村合作经济 [J]. 农村合作经济经营管理, 1997 (10): 19-20.

[99] 杨文志, 贾子文, 韩泽琳. 农业现代化对农民素质的要求 [J]. 农业科研经济管理, 2002 (4): 12.